**OS SENHORES DOS CAMINHOS:
EXU – OGUM – OXÓSSI**

Dalva Silva Araújo

OS SENHORES DOS CAMINHOS:
EXU – OGUM – OXÓSSI

5ª edição
2ª reimpressão

Rio de Janeiro
2010

Copyright©2004
Dalva Silva Araújo

Produção editorial
Pallas Editora

Revisão
Carmem Jochem

Capa
Marcelo Barros

Composição
Cid Barros

Montagem
José Geraldo O. Lacerda

Todos os direitos reservados à Pallas Editora e Distribuidora Ltda. É vetada a reprodução por qualquer meio mecânico, eletrônico, xerográfico etc., sem a permissão por escrito da editora, de parte ou totalidade do material escrito.

CIP-BRASIL. CATALOGAÇÃO-NA-FONTE.
SINDICATO NACIONAL DOS EDITORES DE LIVROS, RJ.

D159s Araújo, Dalva Silva.
5ª ed. Os senhores dos caminhos: Exu, Ogum e Oxóssi / Dalva
2ª reimp. Silva Araújo - 5ª ed. – Rio de Janeiro: Pallas, 2010.

ISBN 978-85-347-0329-1

1. Orixás. 2. Cultos afro-brasileiros. I. Título.

98-1867   CDD 299.67
                                                           CDU 299.6

Pallas Editora e Distribuidora Ltda.
Rua Frederico de Albuquerque, 56 – Higienópolis
CEP 21050-840 – Rio de Janeiro – RJ
Tel./fax: (021) 2270-0186
www.pallaseditora.com.br
pallas@pallaseditora.com.br

ÍNDICE

INTRODUÇÃO 1
EXU 3
Exu na Umbanda 7
Lendas 9
Preces aos Exus 11
Oriki de Exu 13
Okanran — Principal Odu de Exu 13
União de Exu com outros Orixás 14
Tipos de doenças 15
Cantigas de Candomblé 15
Pontos Cantados de Umbanda 16
Oferendas diversas para Exu 21

OGUM 29
Vestes do ritual 34
Ogum no Brasil 36
Lendas 37
Ogum e Oxóssi 39
Ogum e Iansã 39
Ogum — Obaluaê — Nanã Buruku 40
Preces a Ogum 41
Oriki 44
Ejioko — Principal Odu de Ogum 44
União de Ogum com outros Orixás 45
Qualidades de Ogum 45
Tipos de doenças 46
Falangeiros 46
Ogum Naruê 47
Ogum Beira-Mar 48

Ogum Iara 49
Ogum Mejê 50
Ogum Malê 51
Ogum Rompe-Mato 52
Ogum Nagô 53
Cantigas de Candomblé 54
Pontos cantados de Umbanda 56
Oferendas para Ogum 58
Banhos 64
Ogum — Senhor dos Sete Caminhos 67

OXÓSSI 69
Erukerê 72
Oxóssi na Umbanda 74
Folhas de Oxóssi 75
Frutos de Oxóssi 76
Flores de Oxóssi 76
Lendas sobre Oxóssi 76
Reza para banho 78
Prece a Oxóssi 78
Outra prece a Oxóssi 78
Odi — Principal Odu de Oxóssi 79
Qualidades de Oxóssi 80
União de Oxóssi com outros Orixás 80
Tipos de doenças 81
Corrente dos Caboclos de Umbanda 81
Caboclo Arranca-Toco 82
Caboclo Cobra Coral 83
Caboclo Pena Branca 84
Caboclo Arruda 85
Caboclo Guiné 86
Caboclo Araribóia 87
Cabocla Jurema 88
Oferendas para Oxóssi 90
Cantigas de Candomblé 94
Pontos cantados de Umbanda 96

APÊNDICES 99
Glossário 101
9º Festival Nacional de Cantigas de
    Umbanda — Agosto de 1988 103

BIBLIOGRAFIA 107

INTRODUÇÃO

A presente obra é uma tentativa de se acrescentar um pouco mais ao saber desta nossa religião, ora tão perseguida pelos novos "messias".

No decorrer da leitura do livro iremos encontrando, em cada página, relatos sobre lendas, preceitos, rezas, citações de pesquisadores e cânticos de três dos nossos mais queridos Orixás.

Falamos ainda da relação desses Orixás com a natureza cósmica, onde vamos encontrar no elemento Terra — que representa o solo do planeta onde vivemos e de onde extraímos os vegetais e os minerais e onde habitam os espíritos da Natureza — EXU e OXÓSSI.

Já no elemento FOGO — que produz o calor e a luz obtida pela combustão de certos corpos, ardor, energia, raios e faíscas — vamos encontrar o grande Orixá OGUM.

Portanto, temos a presença dos Orixás nos vários elementos da Natureza, em todo o nosso Universo, do qual EXU, OGUM e OXÓSSI são os Senhores dos Caminhos.

SAUDAÇÃO AOS ORIXÁS

EXU (BARA): Laro iê Exu amojubá
OGUM: Ogum patocori, Ogum iê, jeci, jeci
OXÓSSI: Okê Odé, cokê maió

FOLHAS DOS ORIXÁS

EXU: Amendoeira
Folha da Fortuna
Vassourinha de Relógio
Arrebenta Cavalos

OGUM: Aroeira
São Gonçalinho
Espada de Ogum
Eucalipto

OXÓSSI: Peregum
Jureminha
Alfavaca do Campo
Caiçara

EXU

Exu é o criado de todos os Orixás. É o mensageiro de todos os recados entre o homem e o seu protetor individual.

É a figura mais agradada em qualquer cerimônia dentro de um *xirê* de Candomblé, dando-se-lhe de comer e beber antes de qualquer Orixá.

Ele tenta satisfazer a todos que o procuram e, desta maneira, muitos pais-de-santo usam dessa sua característica própria para fazer o mal. Quem sabe se não é por aí que tentam identificá-lo como o Diabo dos católicos.

Muito conhecido na roda do Candomblé como Tranca-Ruas, Maioral, Chefe Cunha, Kolobô, Bará, Exu Akessan, Exu Yangui e Senhor das Encruzilhadas.

Saúda-se Exu com as expressões: Laroiê, Mojubá, Mojubaré Exu!

Exu come farofas diversas, tais como as que levam azeite-doce, azeite-de-dendê e mel-de-abelhas, água e bebidas diversas, como cachaça ou aniz. Pipocas, acarajés, feijões preto ou fradinho, acaçás, os melhores fumos.

Às vezes torna-se brincalhão, em outros momentos mal-humorado, o bastante para criar complicados problemas.

Diz Vasconcelos Maia: "Embora raramente, Exu manifesta-se. Manifesta-se também através de Ogunjá (uma forma de Ogum, que mora com Oxóssi). É um carrego, como assisti numa festa, numa segunda-feira dedicada a Exu, na Casa de Stela, no Axé Opô Afonjá. Exu manifestou-se num dos filhos do Ilê, justamente com Ogum – e foi das expressões mais belas de quantas já assisti num Candomblé. Foi soberba a sua apresentação".

Outro depoimento a respeito é de Edson Carneiro, em seu livro *Candomblés da Bahia,* que regista uma única vez em que assistiu Exu manifestar-se na roda dos outros Orixás: "a filha dançava, arrojando-se ao chão, os cabelos despenteados, e o vestido sujo". Foi no Candomblé do afamado Ciriáco, do Beiru.

Exu está em toda parte e é um dedicado e fiel servidor dos Orixás.

Na Mitologia é comparado a Mercúrio – como um grande guerreiro – assumindo seu papel nos caminhos e nas encruzilhadas, onde é procurado por seus devotos para resolver problemas e angústias.

Muitas vezes demonstra possuir um caráter difícil, mas procura ser o mais humano dos Voduns, por ser inteiramente mau e, ao mesmo tempo, inteiramente bom.

Geralmente às segundas-feiras é que se cultua Exu.

Exu leva para o Céu as oferendas e traz para a Terra a necessária energia que formará o Áxé.

"Cada ser humano tem o seu próprio Exu. Se a alguém faltasse Exu em seu corpo, esse alguém não poderia existir, não saberia que estava vivo, porque é compulsório que cada um tenha seu Exu individual"– recita o Babalaô Ifatoogum. (Ver **SANTOS**, Juana E. dos. *Os Nagô e a morte.* Petrópolis, Ed. Vozes, p. 131.)

Exu pode tudo. Faz coisas extraordinárias, faz o erro virar acerto e vice-versa.

Os africanos simbolizam Exu por um montículo de barro, formando uma figura humana, com olhos, nariz e boca, assinalados por búzios.

Exu também pode ser representado por uma estátua sexuada, em cujas mãos carrega duas cabacinhas contendo pós mágicos (odó) e na cabeça traz uma lâmina disfarçada por uma crista de cabelos.

Exu gosta muito de búzios ou colares enfeitados de búzios.

A sua maior quizila é o *adi* (óleo extraído do caroço do dendezeiro).

Exu dança empunhando um bastão (*ogó*) adornado com contas nas cores azul-escuro ou vermelho e preto.

Nos terreiros de nação Keto, os filhos de Exu são consagrados a Ogum.

No Brasil, Exu é cultuado em assentamentos feitos com argila, por pais-de-santo de Candomblé, ou na entrada da casa, ao lado esquerdo, em uma casinha com uma estátua, com semblante diabólico — simbolizando Exu — tendo ao lado um tridente, nas Casas de Umbanda.

Os animais consagrados a Exu são frangos e cabritos.

São várias as manifestações de exus consagrados, e cada um deles possui seu aspecto particular:

Exu Yangi	—	O primeiro filho do Universo
Exu Ijelu	—	Representa o fruto da terra
Exu Lalu	—	Aquele que vem
Exu Inã	—	Associado ao fogo, a força do Axé
Exu Onã	—	Guardião das porteiras
Exu Odará	—	O bem-estar
Exu Olobé	—	Senhor da faca
Exu Enugbarijó	—	O dono da fala
Exu Akesan	—	O que fala nos búzios

existindo, ainda, muitos outros exus.

Geralmente, o comportamento de pessoas filhas de Exu é de bom ou mau, de bajulador, interesseiro, maldoso, esperto e mau caráter.

EXU NA UMBANDA

De uma forma geral, estas Entidades que baixam numa Gira de Umbanda nada têm a ver com espíritos diabólicos. São considerados como servos dedicados dos Guias. São, enfim, Entidades que castigam os filhos-de-fé quando os mesmos erram com elas, isto é, quando lhes prometem alguma coisa e esquecem de pagar tal promessa após serem atendidos nos seus pedidos.

Os Exus pertencem à linha da Magia, onde procuram suavizar os mais problemáticos casos de uma comunidade.

Costumam cobrar pelos seus trabalhos. Usam o número 7 ou seus múltiplos, 14, 21, etc., em todas as obrigações, usando, ainda, em alguns casos, números terminados em 7: 17, 27, 77, etc.

Suas previsões geralmente são marcadas pelas 7 luas, por 7 dias ou por 7 giras.

Exu e Pomba-Gira, seu aspecto feminino, são Entidades muito fortes e bastante queridas pelos adeptos da Umbanda.

Dentre muitos Exus que trabalham, lembramos: Exu Tranca-Ruas, Exu Tiriri, Exu Caveira, Exu Sete Encruzilhadas, Exu Veludo, Exu Ventania, etc.

Já as Pombas-Giras mais conhecidas são: Maria Molambo, Maria Padilha, Pomba-Gira das Almas, Pomba-Gira das Sete Encruzilhadas, Pomba-Gira das Sete Catacumbas, Pomba-Gira do Cruzeiro das Almas, Pomba-Gira Cigana, Pomba-Gira da Porteira, etc.

Exu e Pomba-Gira estão ligados aos elementos Terra e Fogo.

Há terreiros de Umbanda que não aceitam matanças; outros, porém, as aceitam. Isto dependerá do Chefe do Terreiro. O que importa é que, nas matanças, tudo seja utilizado de forma sadia, tanto para os espíritos quanto para os humanos.

Exu não é quiumba. O *quiumba* é um espírito com pouca luz, que procura tumultuar uma sessão onde desce, ou perturbar um filho-de-fé.

Os exus gostam de fumar tabacos de boa marca e de boa procedência. Gostam, também, de dançar e de cantar os seus pontos, o que fazem de forma bem cadenciada.

Com vestidos estampados ou de cores lisas, destaca-se a beleza das pomba-giras, que gostam de usá-los guarnecidos com rendas, fitas e flores artificiais ou naturais. Colares enfeitam os seus colos, muitos anéis, pulseiras e brincos em tons dourados completam a indumentária charmosa dessas trabalhadoras da Umbanda.

Os exus incorporados usam calça preta, camisa vermelha ou branca, com uma capa bem rodada, caída sobre os ombros, onde trazem o seu ponto riscado bordado com pedrarias e lantejoulas, com marabus contornando toda a capa.

Usam cordão dourado e medalhão e na mão carregam um tridente de ferro ou madeira.

As suas miçangas — cristal ou louça — são nas cores vermelho, preto e branco.

Sua saudação é: Laroiê Exu é mojubá; Boa noite, compadre! e Boa noite, comadre!

SUAS ERVAS: comigo-ninguém-pode, picão da praia, cana, hortelã pimenta, vassourinha de igreja, carrapateira, etc.

BEBIDAS: aguardente, meladinha (cachaça com mel), caipirinha (cachaça com limão), conhaque, whisque, suco de frutas com qualquer bebida, aniz, champanhe, licores diversos, etc.

ÁRVORES: bananeira, amendoeira, mangueira.
Os pontos traçados do exus acompanham a raiz do Orixá.

LENDAS

EXU era irmão de Ogum, mas totalmente diferente deste, principalmente no caráter.

Sobre Exu existem muitas lendas, porém nenhuma conseguiu mostrar melhor sua irreverência do que a seguinte: Exu, sabedor de que uma rainha fora abandonada pelo seu esposo, procurou-a, entregou-lhe uma faca e ordenou-lhe que cortasse alguns fios da barba do rei, dizendo: "traga-me esses fios de barba do seu esposo que lhe farei um amuleto que trará seu Real marido de volta".

Em seguida, Exu foi à casa do filho da rainha (o príncipe era herdeiro do trono), que vivia numa residência situada fora dos limites do palácio real.

Essa era uma prática comum da época e visava evitar tentativas de assassinatos contra soberanos por príncipes impacientes em subir aos tronos.

Exu disse ao príncipe que o rei iria partir para uma guerra e pedia o seu comparecimento à noite, ao palácio, acompanhado dos seus guerreiros.

Finalmente, Exu foi ao rei e disse-lhe: "a rainha, magoada pela sua frieza, deseja matá-lo para se vingar. Cuidado esta noite!".

E a noite veio. O rei deitou-se, fingiu dormir e viu, logo depois, a rainha aproximar uma faca de sua garganta. Ela queria apenas cortar um fio da barba do rei, mas ele julgou que a esposa desejava assassiná-lo. O rei desarmou-a e ambos lutaram, fazendo grande algazarra. O príncipe, que chegava ao palácio com seus guerreiros, escutou gritos nos aposentos do rei e correu para lá.

Em chegando, o príncipe vendo o rei com uma faca na mão, pensou que ele queria matar sua mãe.

Por seu lado, o rei, ao ver o filho penetrar nos seus aposentos, no meio da noite, armado e seguido por seus guerreiros, acreditou que eles desejavam assassiná-lo. Gritou por socorro. Sua guarda acudiu e houve então uma grande luta, seguida de um massacre generalizado.

EXU (Lenda e sua História e Origem)

Do casamento de Iemanjá com Oxalá nasceu Exu.

Sendo o primeiro filho, foi pelos pais criado com muito mimo e predileção, razão porque, em pouco tempo, tornou-se impertinente e desobediente.

Sua bondosa mãe não poupava esforços para fazê-lo um Orixá dedicado ao bem, porém eram baldados os seus esforços, pois ele só procurava as más companhias, desatendendo aos conselhos maternos.

Tinha ele um amigo chamado Elegbará, que era seu predileto para todas as artes e brincadeiras perversas.

Um dia, seus pais, com a paciência esgotada e cansados de lhe chamar a atenção, o amaldiçoaram e o condenaram a viver exclusivamente para o mal e fora do convívio dos seus irmãos Orixás, tal como o seu amigo Elegbará, que também, por querer ser igual a Deus, foi expulso do meio dos Anjos que servem ao Onipotente. Pelo Anjo Miguel Arcanjo foi condenado a viver eternamente nas trevas e a praticar o mal, satisfazendo, assim, seu desejo de ser governador, e que realmente o é, porém, no inferno.

Outra Lenda de Exu

Exu teve numerosas brigas com os outros Orixás, nem sempre saindo vencedor.

Numa destas brigas, com Oxalá, fê-lo passar por alguns maus momentos. Em vingança por não haver recebido certas oferendas, quando Oxalá foi enviado por Olodumaré, o deus supremo, para criar o mundo, Exu provocou-lhe uma sede tão intensa que Oxalá bebeu vinho de palma em excesso, com conseqüências desastrosas, como veremos.

Exu também foi responsável pelos transtornos de que o mesmo Oxalá foi objeto, quando certa vez foi visitar Xangô.

Por outro lado, lendas publicadas por Pierre Verger narram que houve uma disputa entre Exu e o Grande Orixá, para saber qual dos dois era o mais antigo e, em conseqüência, o mais respeitável.

Oxalá provou sua superioridade durante um combate cheio de peripécias, ao fim do qual ele apoderou-se da cabacinha que encerra o poder de Exu, transformando-o em seu servidor.

Durante uma competição da mesma natureza, entre Exu e Obaluaê, foi este último que saiu igualmente vencedor.

PRECES AOS EXUS

PRECE A EXU CAVEIRA

Confio em vós, Exu Caveira, para solução do meu problema de saúde (... ou demanda...).

Repetirei estes louvores durante três dias, com uma vela acesa, colocando-a no local onde o cultuo.

Assim que melhorar, ou obtenha resposta favorável, colocarei em sua homenagem um lindo *ebó*.

Exu Mojubá! Laroiê, Exu!

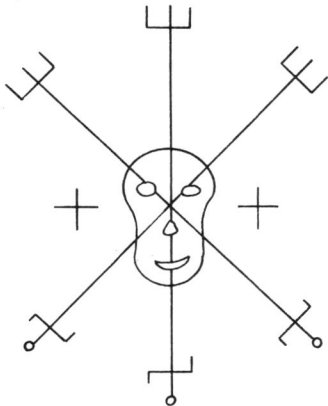

PRECE A EXU PEDRA NEGRA

Na certeza de que serei imediatamente atendido nas minhas súplicas, invoco-o, Exu Pedra Negra, com todas as minhas forças. Ouve meu pedido, pois confio em vós.

Socorre-me, oh! poderoso Exu. Que nas forças das grandes montanhas e das pedras da cachoeira, eu prometo oferecer-lhe um bonito *ebó*.

Laroiê, Exu!

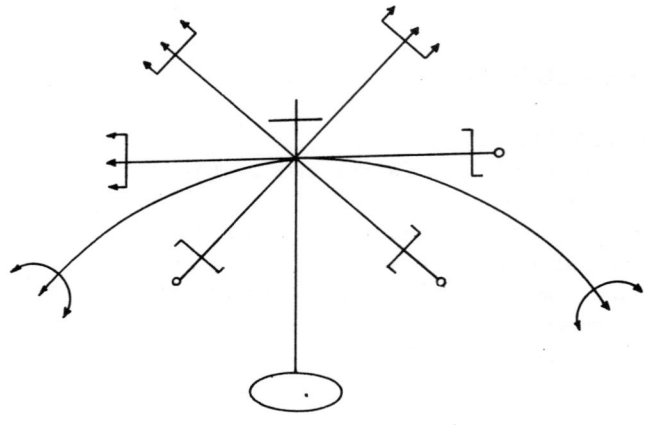

PRECE A EXU TIRIRI

Tu, que solucionas qualquer problema, vem em meu auxílio, afastando de mim o que ora me tira a paz e a tranqüilidade.

Por este motivo a ti confio o meu problema (... fazer o pedido, e dar o motivo...). Se tiver merecimento nas minhas pretensões, prometo (fazer a promessa) tão logo seja realizado o meu pedido.

Laroiê, Exu!

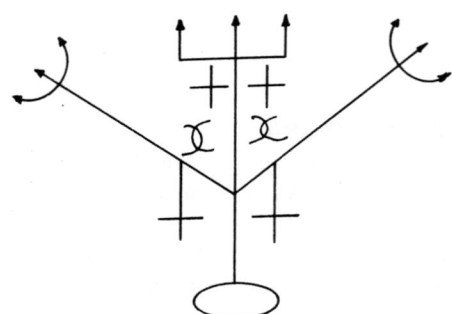

EXU ACEITA OS SEGUINTES PADÊS
- farinha de mesa, mais açúcar com mel;
- farinha de mesa, mais bebida;
- farinha de mesa, mais azeite-de-dendê, ou azeite doce;
- farinha de mesa, mais água;

E mais:
- bebidas com mel, servidas em coités (que são feitos da casca de coco) adornados com desenhos ou chifres de boi pintados, ou outra bebida;
- fitas coloridas;
- velas, flores, etc.

ORIKI DE EXU

É uma saudação diante dos assentamentos, carregos e locais para despachos.

Exu otá Orixá
Oxeturá lorukó babá moó
Alagogô ijá lorukó iya upê
Exu odara omokunrim idolofin
Olê xonxon sori essé elessé
Koje kossi jeki eni unjé gbemí
Akií lowo lai muti Exu korô
Axotum kossi alí ni ituju
Exu apata somó olomó lenú
Afí akutá dipô ió
Alaguemó orum a unilá kalú
Papa uará atuka maxexá
Exu maxemi omo elomiram
ni koxê.

OKANRAN — Principal Odu de Exu

Sua fecundação (lenda):
Olorum fez o homem, que era a sua imagem e chamou-o Ixélé. Como Ixélé vivia muito só, pediu uma companheira a Olorum. Olorum

então chamou o seu Orixá mais puro e belo e pediu que ajudasse Ixélé, naquilo que fosse necessário.

O Orixá belo e puro não aceitou as determinações. Insubordinado revoltou-se, desobedecendo às ordens de Olorum.

Olorum, diante de tão grande desobediência, ordenou-lhe que descesse a uma grande fossa com todos os seus pecados.

Desta desobediência, insubordinação e revolta, foi gerado o Odu Okaran.

Okaran-mejí é o senhor dos Ibejis, ou melhor, simboliza todos os Ibejis que estão ao pé de Oxalá, e todos dependem deste Odu.

Foi este Odu que trouxe os Ibejis para a Terra.

A fala humana foi trazida por Okaran-Meji. Ele é o responsável pela existência de muitas línguas no mundo, e também determinou que nada poderá ligar a água por uma corda.

Significado: Sustos, grandes perigos, prisão, roubo, ruína, perda de tudo, negócios mal feitos, ambição e intrigas de várias maneiras; quando este Odu aparece no jogo, despacha-se a porta imediatamente.

Os filhos deste Odu possuem personalidade diabólica, esperando-se deles tudo de ruim.

UNIÃO DE EXU COM OUTROS ORIXÁS

EXU e OGUM	— É uma amizade duradoura cheia de felicicidade e harmonia, inclusive os negócios serão bem sucedidos.
EXU e OXÓSSI	— Serão bons amigos e nos negócios terão sucesso garantido.
EXU e OXUMARÊ	— Deverá ter precaução, vale tentar para dar certo.
EXU e OBALUAÊ	— É difícil dizer que não dará certo.
EXU e XANGÔ	— Cuidado, para não se arrepender.
EXU e IANSAN	— Tornam-se ardentes e apaixonados, tudo lhes fascina.
EXU e OXUM	— Uma amizade leal e dedicação constante. Tudo dará certo.
EXU e IEMANJÁ	— Amizade sincera sem grande complicação e, nos negócios, bom entendimento, tudo pelo trabalho.
EXU e OXALÁ	— É uma amizade difícil para ser assumida.

TIPOS DE DOENÇAS

Os filhos de Exu são chegados a enxaquecas permanentes, dores de cabeça e males do fígado.
Por mais cuidados que tenham com estes sintomas, sofrerão com eles por toda a vida.

CANTIGAS DE CANDOMBLÉ

Xô, apavenã, xô apavenã
minha aldeia ainda é
Xô apavenã
Xô a indaê, xô a indaê
minha aldeia ainda é
Xô apavenã

Toma lá zecú, zecú
olha zé curiá
olha lá zecú, zecú
olha zé curiá

Pomba-Gira já cujanjou, iaia irerê
Pomba-Gira já cujanjou, iaia irerê
Pomba-Gira cujá conjanjo
Laroiê

Pombo Girê, gangaiô lhe que
Pombo Girê quinganguê
Gangaiô, gangaiô le que
Pomba girê

Tenda, tendá é Pomba-Gira
Tendaiô
Tenda, tendá é Pomba-Gira.

É mavile, mavile mavanguê
Recompenso ê
a, a, a, recompenso.

PONTOS CANTADOS DE UMBANDA

Tem morador, de certo tem morador
Tem morador, de certo tem morador
Na porta meu galo canta
De certo tem morador (bis)

Exu ganhou garrafa de marafo
E levou na capela pra benzer
Seu Mangueira correu e gritou
Na batina do padre tem dendê, tem?
Tem dendê, na batina do padre tem dendê
Tem dendê, na batina do padre tem dendê

Portão de ferro
Cadeado de madeira,
Na porta do cemitério
Quem mora é Exu Caveira

Exu é mojubá
Ena, ena é mojubá
Arranca-Toco é mojubá
Ena, ena é mojubá, ê é mojubá
Ena, ena é mojubá

Quando o galo canta,
As almas se levantam
E o mar recua
E quando os anjos do Céu
dizem amém,
E o pobre lavrador diz Aleluia
Viva Aleluia, viva Aleluia,
Seu Tirirí, viva Aleluia,
Rei Tirirí, viva Aleluia.

Exu da meia-noite
Exu da madrugada
Salve o povo da quimbanda
Sem Exu não se faz nada.

Quem nunca viu
Venha ver
Marabô na encruza
É de quenguerê

Exu pisa no toco
Exu pisa no galho
É Exu, Exu pisa no toco
de um galho só
É Exu, pisa no toco
de um galho só
Marimbondo pequenino, bota
fogo no paiol, ô ganga
É Exu, Tata Caveira no
toco de um galho só (bis)

Tava dormindo
Quando a banda me chamou
Se levanta, minha gente,
Tranca-Rua já chegou (bis)
(vai chamando os outros Exus)

CHAMADA
Tá chegando a meia-noite,
Tá chegando a madrugada
Salve o povo de Quimbanda
Sem Exu não se faz nada
Cambono segura a cantiga
Que está chegando a hora (bis)
Saravá toda a encruza,
Exu é quem manda agora. (bis)

EXU ARRANCA-TOCO
Exu é mojubá
Ena, ena é mojubá
Arranca-Toco é mojubá
Ena, ena é mojubá, ê, é mojubá
Ena, ena é mojubá.

EXU BRASA
Ai, ai, ai
Valei-me Sete Diabos
Valei-me Sete Diabos
Exu Brasa é um Diabo.

EXU DA CALUNGA
Rodeia, rodeia
Rodeia, meu Santo Antônio, rodeia
Meu Santo Antônio pequenino,
Amansador de burro brabo
Quem mexe com seu Calunga
Tá mexendo com o Diabo
Rodeia, Exu (refrão).

EXU DA CALUNGA
Exu é cainana,
Quem te matou, cainana
Foi Exu Calunga, cainana
É meu protetor, cainana
Ele é quem me livra, cainana
De todo o horror.

EXU TATA CAVEIRA
Exu pisa no toco
Exu pisa no galho
Galho balança, Exu não cai, ô ganga
É Exu, Exu pisa no toco de um galho só
É Exu, pisa no toco de um galho só.
Marimbondo pequenino bota fogo no paiol, ô ganga
É Exu, Tata Caveira no toco de um galho só.

EXU CAVEIRA
Portão de ferro
Cadeado de madeira
Na porta do cemitério
Quem mora é Exu Caveira.

A porta do inferno estremeceu
Veio todo mundo para ver quem é
Ouviu-se gargalhada na encruza
Era seu Caveira, com a mulher de Lucifer.

EXU MANGUEIRA
Viva as almas
Viva a coroa e a fé,
Oi, viva as almas,
Viva Exu nas almas
Ele é seu Mangueira de fé,
Oi, viva as almas.

EXU TIRIRÍ
Quando o galo canta
As almas se levantam
e o mar recua.
E quando os anjos do Céu
Dizem amém.
E o pobre lavrador diz Aleluia
Viva a Aleluia, viva Aleluia
Rei Tirirí, viva a Aleluia.
Rei Tirirí, viva a Aleluia.

EXU TRANCA-RUAS
Na encruzilhada tem um rei
Esse rei é seu Tranca-Ruas
Na outra esquina tem mais um rei
É seu Tirirí com a rainha Pomba-Gira (bis)

MARIA MOLAMBO
Olha, minha gente,
Ela é farrapo só
Pomba-Gira Maria Molambo
É de coró, có.

Maria Molambo traz
Linda saia com sete guizos
Quando roda nos terreiros

Trabalhando nas demandas
Mostra que tem muito juízo.

MARIA PADILHA
De onde é que Maria Padilha vem
Onde é que Maria Padilha mora
Ela mora na mina de ouro
Onde o galo preto canta
Onde criança não chora (bis)

POMBA-GIRA DAS ALMAS
Tala, talaia de Pomba-Gira
Pomba-Girê para que eu não caia
Tala, talaia de Pomba-Gira
Pomba-Girê para que eu não caia (bis)

POMBA-GIRA CIGANA
Vinha caminhando a pé
Para ver se encontrava Pomba-Gira
Cigana de fé (bis)
Ela parou e leu minha mão
E disse-me toda a verdade
Eu só queria saber onde mora
Pomba-Gira Cigana de fé (bis).

(DE SUBIDA)

Balança lhe pesa,
É hora, é hora,
Dom Miguel lhe chama.
O Exu já vai embora.

Candongueiro, quando chama
É sinal que está na hora,
Candongueiro, quando chama,
É que Exu já vai embora.
Maria, Maria, amarra a saia
Que Exu vai embora.
Maria, amarra a saia que Exu tá na hora.

Cambono, camboninho meu, meu cambono,
Olha que Exu vai oló
Vai, vai, vai, meu cambono,
Ele vai numa gira só (bis).

É hora, é hora, é hora no calendá, é hora
É hora, é hora, é hora no calendá, é hora
É hora, meus Exus, é hora, é hora.

OFERENDAS DIVERSAS PARA EXU

PARA DESPACHAR O LADO NEGATIVO DO ODU OKARAN (EXU)

Farinha de mesa
azeite de dendê
1 ovo de galinha, cru
1/2 metro de pano estampado
1 cadeado
1 acaçá branco
1 docinho preto
1 parafuso novo
1 prego novo
1 garrafa de aguardente
1 moeda
1 vela
1 bolo de farinha de mesa com água

Passar o pano estampado no corpo e esticá-lo no chão, em frente aos pés da pessoa.

Colocar dentro de um alguidar a farofa feita com a farinha de mesa e o azeite-de-dendê e ir rodeando a pessoa, fazendo os pedidos. Vira-se sobre o pano esticado. Em seguida, passam-se todos os ingredientes na pessoa, colocando-os sobre o pano, de forma harmoniosa. Pede-se a Exu que desenrole a vida da pessoa — usando o parafuso e o prego — e que afaste as tentações.

Passar o ovo, no final do trabalho, jogando-o para trás da pessoa, quebrando assim todas as negatividades.

A garrafa de aguardente é passada na pessoa — ainda fechada — e jogada depois por trás dos ombros ao chão, bem distante, quebrando-se as demandas e toda a má sorte.

Ao terminar o trabalho, saúda-se Exu, determinando-lhe que, daquela hora em diante, o sucesso da pessoa será garantido por ele. Dizer em voz calma e serena.

PARA AGRADAR EXU

Farinha de mesa
Mel de abelhas
7 docinhos (mariola)
7 moedinhas e 7 velas
1 alguidar médio

Lava-se o alguidar. Em seguida, coloca-se a farinha com mel de abelhas, manipulando com os dedos. Cada vez que for manipulando vai-se fazendo os pedidos.

Ao terminar, decore com os docinhos e em cada docinho coloque uma moeda. Acenda 7 velas ao redor da oferenda. E, boa sorte!

PARA AFASTAR PERTURBAÇÃO

Farinha de mesa
Azeite-de-dendê
1 moeda
1 prego
1/2 metro de fita branca
1 vela

Fazer um padê com a farinha e o azeite-de-dendê e passá-lo na pessoa. A seguir, passar também o restante do material e, por último, a fita que, depois de passada pela pessoa, deverá ser esticada sobre o padê. Pedir a Exu que livre a sua vida de todas as perturbações que tanto lhe incomodam.

PARA CONSEGUIR EMPREGO

1 alguidar
3 velas
Mel de abelhas
Farinha de mesa
1 cebola
1 garrafa de cachaça

1 charuto
1 caixa de fósforos
1 metro de morim
Pó de banco (poeira do piso de um banco comercial)

Fazer um padê de duas faixas, quer dizer, um lado com dendê e o outro com mel. No centro colocar o pó do banco. Enfeitar o padê com rodelas de cebola. Tudo isto é feito em uma encruzilhada. Acender as velas, para obter sucesso.

Este padê deverá ficar sobre o morim, que foi antes passado no corpo da pessoa, para afastar toda a falta de sorte em todos os sentidos.

Saúda-se Exu dizendo: Kobá, Laroiê Exu, a Mojubá, Laroiê Exu!

Esta oferenda é feita em Lua Crescente.

EBÓ PARA ESQUECER

Folhas de dormideira, verdes
1 cabeça de cera (homem ou mulher)
1 alguidar
1 miolo de boi
1 vidro de óleo de rícino
1 pacote de algodão
7 vezes o nome escrito da pessoa

Coloque o miolo na mão com o nome da pessoa dentro do mesmo; converse com Exu. Envolva o miolo com as folhas e depois o enrole com algodão.

Introduza na cabeça de cera o miolo, regando com bastante óleo de rícino.

Este trabalho deverá ser colocado em frente ao assentamento de Exu e mantido ali por 7 dias. Decorrido esse prazo, despache em mato fechado.

Não esqueça que certos trabalhos só poderão ser feitos por pessoas habilitadas, para que não aconteçam problemas desastrosos a quem o fizer sem o necessário conhecimento.

PARA DESPACHAR (EXU MULHER)

Farinha de mesa
Mel de abelhas
Azeite-de-dendê
Água
Azeite doce

1 garrafa de champanha
1 garrafa de aniz
7 acaçás brancos
7 velas
1 caixa de fósforos
7 cigarrilhas
7 rosas vermelhas
1 franga

Fazer 7 padês (farinha de mesa misturada com um pouco de cada um dos primeiros sete ingredientes acima).

Passar cada padê na pessoa e acondicionar dentro do alguidar. Em seguida, fazer o mesmo com os outros ingredientes.

Despachar numa encruzilhada em local de subida.

PARA AGRADAR AOS COMPADRES

Farinha de mesa
Mel de abelhas
Azeite-de-dendê
Água
7 mariolas
7 moedas
1 alguidar
7 velas

Fazer três padês com cada um dos ingredientes (mel, azeite de dendê e água), colocando cada um dentro do alguidar, previamente lavado. Arrumar os doces e as moedas. Acender as velas em volta do alguidar, fazendo os pedidos.

Saudar Exu: Exu, Laroiê, Exu!

BEBIDA DAS COMADRES

1 garrafa de aniz
abacaxi maduro
pétalas de rosas (separe)

Coloque em uma vasilha o aniz e pedaços de abacaxi. Passe no liquidificador, batendo bem. Assim que estiver bem batido enfeite com as pétalas de rosas.

COROA FLORIDA

Farinha de mesa
Mel de abelhas

7 velas vermelhas
7 rosas vermelhas
7 moedas
1 alguidar

Fazer uma mistura da farinha com o mel de abelhas dentro do alguidar, manipulando e fazendo o pedido. Quebrar os talos das rosas bem curtos e colocar as rosas em forma de círculo dentro do alguidar. Acender as velas e acrescentar as moedas sobre a oferenda. Abrir a champanha e cruzar o trabalho, isto é, derramar um pouco no chão, nos quatro cantos do alguidar.

Saudar Exu: Exu, Laroiê Exu!
Acender um cigarro e reforçar o pedido.

SACUDIMENTO

7 bolos de farinha com água
7 acaçás brancos
7 moedas
7 ovos crus
7 velas

Passar cada elemento no corpo da pessoa, de uma só vez e numa encruzilhada, pedindo a Exu para afastar toda perturbação que venha pelo lado de egum.

ABERTURA DE CAMINHOS

3 moedas iguais
3 rosas vermelhas
3 cigarrilhas
1 garrafa de aniz
Mel de abelhas
1 vidro de água de flor de laranjeira
1 metro de morim vermelho
3 velas comuns

Numa encruzilhada, passar o morim no corpo da pessoa e esticá-lo no chão. Passar também o restante do material. Acender as cigarrilhas e fazer o pedido. A seguir, disponha as rosas sobre o morim e jogue a água de flor por cima. Regue a oferenda com o mel de abelhas. Por fim, colocar as moedas, acender as velas e pedir à Pomba-Gira que abra os seus caminhos.

PARA TRAZER ALGUÉM DE VOLTA

7 rosas vermelhas
3 velas vermelhas
1 dedal de costureira
1 farofa de azeite-de-dendê
Mel de abelhas
Nome completo da pessoa, escrito em papel branco

Colocar o nome escrito dentro do dedal que será enfiado no meio da farofa. Cobrir o nome com mel de abelhas. Acrescentar as pétalas das rosas. Escrever, mais uma vez, o nome da pessoa e enrolar em duas velas vermelhas unidas. Acenda a outra vela para a Pomba-Gira Maria Molamboa, fazendo o pedido.

AFASTAR MAL-ESTAR

7 jilós

Cozinhar os jilós. Com a água tomar o banho, do ombro para baixo. Os jilós são despachados numa encruzilhada.

BANHO INFALÍVEL DE MARIA MOLAMBO

7 rosas vermelhas
1 vidro pequeno de mel de abelhas
1 garrafa de água mineral
1 bacia de ágata
1 vela comum

Colocar as rosas, cortadas pelo cabo, dentro da bacia. Acrescentar o conteúdo dos vidros de mel de abelhas e de água mineral. Acender a vela, pedindo à Pomba-Gira Maria Molambo um encantamento, durante 3 dias. Findo este prazo, tomar o banho e despachar as rosas num jardim.

FAROFA DO AMOR DE MARIA PADILHA

1 maçã vermelha
3 colheres de sopa de manteiga sem sal
1 vidro de mel de abelhas
7 rosas vermelhas, sem os espinhos
7 velas vermelhas
3,50 m de fita vermelha
1 quilo de farinha de mesa

Picar a maçã em cubinhos e fritar na manteiga. Fazer uma farofa de mel de abelhas e acrescentar a maçã picadinha. Lavar o alguidar e acondicionar a farofa. Para guarnecer é necessário que as rosas tenham sido cortadas deixando um cabinho. Fazer o pedido escrito em 7 pedaços de papel, prendendo cada um numa rosa com um pedaço da fita, formando um lacinho no cabinho. Acender as velas em louvor a Pomba-Gira Maria Padilha. E boa sorte!

PERFUME DE ATRAÇÃO

Num vidro grande, com tampa, colocar: 1 ramo de amor-agarrado, 1 rosa vermelha, 3 tentos de Exu, 3 garras de Pomba-Gira, 1 colherinha de mel de abelhas, 1 vidro de água de colônia e 3 fios pubianos. Deixar em infusão durante 3 dias, dizendo a seguinte frase: "Ficarei irresistível para todos os homens e terei em meus braços quem desejar". Acender 1 vela em intenção a Pomba-Gira Cigana da Estrada.

OGUM

Filho de Iemanjá e Odudua é o Orixá iorubá da guerra e do ferro. Patrono dos agricultores, dos guerreiros e de todos aqueles que trabalham com o ferro. Tem o seu culto ligado às árvores, tendo forte ligação com Orixalá. Seu nome é oriundo de um rio da Nigéria (rio Ogum ou Agum). Seu Assentamento é feito ao pé de uma cajazeira (*spondias latea*). No Brasil é cultuado também aos pés de uma palmeira (em nagô: *igi-ope*), de cujas folhas (*mariwo*) são tirados palitos para uso em obrigações variadas e, para a confecção do Xaxará de Obaluaê e o Ibiri de Nanã. As folhas, após a retirada dos palitos, ficam parecendo franjas, as quais servirão para se colocar em assentos de Santo e nas entradas dos barracões, ilês, roças, abaçás, etc.

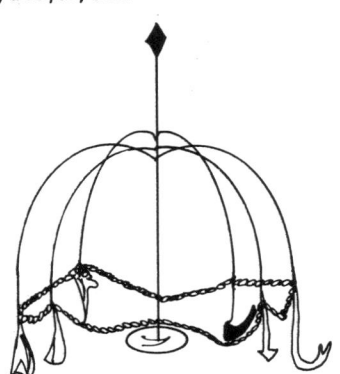

Em algumas regiões, Ogum é cultuado ao pé de um odan (*akoko*), sendo que suas folhas dão sorte e prosperidade àqueles que as carregam em suas algibeiras. Essas folhas, além de dedicadas a Ogum, o são também a Exu, seu principal servidor.

No Daomé, o seu assento é feito em uma touceira de peregun (*Dracena Fragrans*).

Ogum está ligado a todos os Orixás. Vem sempre à frente dos demais, é o primogênito. É o dono da abertura dos caminhos para os adeptos que o admiram. Diz Juana Elbein: "A imagem que seus mitos nos transmitem nos conduz a associá-lo à do homem pré-histórico, violento e pioneiro".

Dono das caças, é o invencível homem do ferro e das pedras. Grande conhecedor de tudo, desde o mais oculto dos segredos. Ele sempre estará presente junto aos caçadores.

Oh, senhor, desbravador,
Mariwo veste Ogum
Akoko ko laso.

Possui grande afinidade com Exu e Oxóssi.

Ogum não se preocupava com o reino de seu pai, pois vivia sempre às voltas com novos amores e novas paixões pelas raparigas da região, às quais, por sua causa, brigavam com seus namorados. Sua figura é a do lutador que partia sempre para novas conquistas e grandes batalhas para aumentar o seu panteão, nunca esquecendo, porém, de se deliciar com estas aventuras, que lhe davam grande prazer.

Sua atitude era bem diferente da de Xangô, pois enquanto Xangô era honrado e sempre justiceiro, e lutava pela glória da própria justiça, Ogum era o inverso, procurava apenas ver o seu lado de homem justo nas batalhas e nas lutas, onde procurava a razão de ser da sua existência.

É Monique Augras quem diz: "Ogum é o deus do ferro, a divindade que brande a espada e forja o ferro, transformando-o no instrumento de luta. Assim, seu poder vai-se expandindo para além da luta, sendo o padroeiro de todos os que manejam ferramentas: ferreiros, barbeiros, tatuadores e, hoje em dia, mecânicos, motoristas de caminhões e maquinistas de trens. É, por extensão, o Orixá que cuida dos conhecimentos práticos, sendo o patrono da tecnologia".

Em África, as cerimônias feitas em louvor a Ogum são realizadas na floresta, com ferros que sustentam o seu Axé, numa caverna arredondada com um teto afunilado, feita com colunas de madeira recobertas com palha. Adiante, vê-se um cepo de madeira que representa os seus ancestrais.

Os templos dedicados a Ogum são:

    Ogum Igiri, em Adja Were
    Ogum Edeyi, em Ilodo
    Ogum Ondó, em Podê, Igbo-Iso e Irokonyi
    Ogum Igboibgo, em Ixedé
    Ogum Elénjo, em Ibanion e Modogan
    Ogum Agbo, em Ixapo
    Ogum Olope, em Ixede Ije
    Ogum Abesan, em Ibanigbe Fuditi

Geralmente estes templos eram erguidos em volta de várias árvores.

Odudua teria gerado Ogum, sendo considerado o seu filho mais velho na cidade de Ifé. Sempre valente e destemido, tornou-se um guerreiro respeitado por onde passava. Destruiu com seus ordenanças a cidade de Ara. Pela sua coragem de homem forte e destemido, atingiu o cargo de Rei de Irê, mas não conseguiu usar a coroa, apenas um diadema — o *Akoro* — lhe cingia a testa.

Ogum Onirê, Ogum Alakoro, como era conhecido, viajou por muito tempo, mas resolveu voltar para rever seus amigos; insatisfeito porque ninguém o reconheceu, enfureceu-se, quebrando grandes potes de vinho de palmas. O povo, para acalmá-lo, lhe ofereceu comidas saborosas com muito azeite de dendê, bem como alguns animais: cachorros e caramujos, etc.

Tudo voltando à calma, os habitantes da região cantavam em louvor a Ogum: "Ogunjajá... Ogunjajá... (que quer dizer: "ele come cachorro"), então mais uma vez era conhecido como *Ogunjajá*. Já saciado seu apetite, Ogum baixa sua espada e a enterra no solo. Simultaneamente, desaparece dentro dela.

Ogum é cultuado no Brasil como o lutador e conquistador, sempre ao lado de Exu, personagens solicitadas para abertura de caminhos dos seres humanos.

Diz uma lenda antiga que "se alguém em meio a uma batalha gritar seu nome, ele virá em socorro daquele que invocou-, mas se o chamarem sem uma causa justa, ele se enfurecerá e castigará sem piedade a quem o invocou em vão".

Senhor dos sete caminhos (Ogum Mejeje), ou das sete aldeias da cidade de Irê (desaparecidas). É representado por vários instrumentos de ferro.

VESTES DO RITUAL

Saiote e *atacã* com as cores relacionadas anteriormente. Capacete confeccionado em latão ou pano bordado em lantejoulas e vidrilhos, com plumas nas cores azulão e branco. Do capacete desce uma corrente circular, que ficará debaixo do pescoço do Iaô. Uma espada de latão, com a qual o Iaô, quando em transe, dança erguendo-a, como se fora em combate.

Ogum é identificado na Bahia por sete nomes bem diferentes daqueles pelos quais é conhecido na África:

     Ogum Akoro
     Ogum Mege
     Ogum Omini
     Ogum Wari
     Ogum Onirê
     Ogunjá
     Ogum Alagbedê

É importante frisar que seus assentamentos são adornados com franjas de dendezeiro (folhas desfiadas), chamadas *mariwô*.

Na astrologia se assemelha aos signos de Áries e Touro, que representam a criatividade e a capacidade de trabalho.

Os filhos de Ogum gostam e admiram as mulheres; são fanfarrões e briguentos, porém, saem sempre com vantagens em tudo que se metem.

Animais sagrados de Ogum: galos, bois, cachorros e cabritos.
Suas oferendas são feitas em pratos de barro.

OGUM

(Transcrevemos do livro *A Tradição Nagô,* de Ornato José da Silva, pp. 81-84, o trecho a seguir, lúcido e explicativo sobre Ogum:)

"Ogun pertence ao grupo dos ORIXA ODÉ e é inventor das armas e ferramentas, por esse motivo preside as lutas e as guerras. É representado por sete ferramentas de ferro no seu OJUBÓ, tais como: escada, martelo, foice, enxada, espada e outros. Seu APERÉ no EGBE é feito junto às árvores IGI IYEYE, a cajazeira, ou do PEREGUM. Veste-se com folhagens retiradas do IGI OPE, chamadas OJE ou MARIWO.

Quanto aos pais de OGUN, conta-nos a história, mas, com algumas controvérsias, sustentadas pelas diversas etnias nigerianas, porque existem várias versões a esse respeito, que a mãe de OGUN é TABUTU e o pai ORONINNA. Também, há lendas que atribuem essa qualidade a YEMONJA e ainda em IFE, como sendo ODUDUWA.

O povo iorubá veio do Egito. Para chegar a ILE IFE, eles se reuniram e foram andando pelo mato. Em ILE IFE é que pela primeira vez se reuniram os iorubás como povo, e dali surgiram as forças dos ORISA e a cultura iorubá propriamente dita.

Na ida do Egito para ILE IFE, OSALA e outros ORISA que foram com ele tiveram que abrir caminho em meio a mata. OSALA tentou abrir o caminho cortando o mato com seu FADAKA ou AGADA, que é uma ferramenta de muito brilho feita de aço ou de prata, mas que não corta muito, porém não conseguiu.

Diante dessa situação, determinou-se que OGUN iria na frente dos ORISA, para abrir caminhos na mata com sua espada de ferro: OGUN BRAGADA É OGUN BRAGADA.

Essa é uma das razões por que OGUN abre os caminhos. No seu ORIKI é dito: OGUN AGADA MEJI, OGUN das duas espadas, O FI OKAN SANKO que usa uma foice, O FI OKAN YENA, e que usa ancinho para abrir os caminhos, tratar a terra, cavar e limpar o chão.

Quando os ORISA chegaram em ILE IFE, graças ao facão de ferro de OGUN, que possibilitou o corte do matagal, deram-lhe o título de LAKAYE OSIN IMOLE que consta de seu ORIKI, significando que OGUN é um ORISA cultuado no mundo inteiro com todo o respeito e devão, ou OLULANA, aquele que está na vanguarda e desbrava os caminhos, ou o Senhor dos caminhos.

Após receber o título, OGUN não quis que esse título o impedisse de exercer suas principais atividades de costume, como por exemplo a caça. Saiu de ILE IFE e foi para o topo da montanha, BORI OKE ou SOROKE, porque havia chegado da caça e não encontrou EMU no seu AGBE, pote para guardar bebida; por esse motivo ficou furioso. Esta é uma das razões do pessoal que cultua OGUN trazerem sempre o AGBE contendo EMU para que OGUN não fique aborrecido. Caso não tenham EMU para ser colocado dentro do AGBE, deitam-nos para quando OGUN aparecer e vê-lo deitado é porque sabe que não há EMU dentro.

Entretanto, os ORISA não agem da mesma forma que os homens por esse motivo ou até pelos próprios fundamentos de OGUN, que é essencialmente um guerreiro. Quando chegou em cima da montanha OGUM SOROKE, furioso, vestiu-se com roupa de MARIWO procedendo conforme relata seu ORIKI "ASO INA LO MU BORA", vestiu sua roupa de fogo, "EWU EJE LO WO" e cobriu-se de sangue. O fogo e o sangue simbolizaram a raiva e o desejo de guerrear.

Com esse estado de espírito, Ogun decidiu não voltar para ILE IFE e sim dirigir-se para IRE, onde foi muito bem recebido, deram-lhe muito EMU, que é um vinho extraído da palmeira OGURO, cujo vinho ele gosta muito. A bebida EMU tem o mesmo nome da palmeira OGURO . . . MEJE LOGUN, MEJE LOGUN. Existem sete OGUN.

"OGUM ALARA NU GBA AJA", para OGUM ALARA, oferece-se cachorro.

"OGUM IKOLE" é um OGUN que pega a faca para marcar seus filhos.

"OGUM IKOLE A GBA IGBIN", OGUM IKOLE come IGBIN.

OGUM ELEMONA é dono das ruas e estradas. O inhame que ele come é assado na brasa. "OGUM ELEMONA A GBESUN ISU".

OGUM AKIRUN é um tipo de OGUM que é assentado em cima de peles de animais. "OGUM AKIRUM A GBA AWO". Come cágado que tanto pode ser o que vive na terra como o que vive n'água, orefece-se para OGUN, de preferência o que vive na terra. AWUN, IJAPA E AJAPA são alguns dos nomes de cágado."

OGUM NO BRASIL

Ogum antecede aos outros Orixás. É saudado em primeiro lugar, após Exu Elegbá (o que abre os caminhos). Em todo momento está presente ouvindo a quem lhe solicita a presença, aceitando oferendas diversas.

Não há imolação sem o *obé* (faca), ferramenta que pertence a Ogum.

Suas danças relembram suas lutas, o que procura demonstrar em suas Iaôs: o homem das grandes batalhas, tomando a expressão de um cavaleiro empunhando as suas armas em combate.

É sincretizado em Santo Antônio, na Bahia, e São Jorge, no Rio de Janeiro, onde seu dia votivo é a terça-feira.

Realmente, Ogum representa o grande Orixá das demandas e das aberturas dos sete caminhos, percorridos por ele próprio, abrindo suas trilhas e dividindo os mesmos como um verdadeiro Rei das Encruzilhadas, incumbindo aos Exus — os seus servidores dedicados — resolverem todos os assuntos de uma cidade ou país.

Geralmente seus filhos possuem caráter impetuoso e autoritário. São, em geral, egoístas, desconfiados e cautelosos. Em seus trajes e fios de contas tem predominância a cor azul-marinho e o azulão. Na Umbanda diversifica suas cores, que são vibradas nas energias do vermelho, do verde e do branco.

vermelho: o sangue, o vigor
verde: os campos, matas, o militar
branco: a claridade, ou a sua própria razão.

Muito usado em algumas Casas de Nação o vidrilho, o miçangão e peças variadas em cobre, latão ou bronze.

Seu *assentamento* compõe-se de diversas peças de ferro, pendurados em haste horizontal, também de ferro; tais peças, em número de 7, 14 ou 21, são miniaturas de lança, enxada, torquês, espada, enxó, ponta de flecha e facão.

Ogum é representado pelo número 7.

LENDAS

GUNOCÔ (Alma de Ogun, ou Arigofe)

Conta José Ribeiro: "Gunocô é um Orixá cuja cabeça anda escondida num cone em cima de uma saia de roda e cujas pernas, dos joelhos para baixo, são pretas, como preta é a máscara pintada na parte inferior da superfície daquele chapéu cônico. Esse Orixá é o yorubano Du-Du, mas também um Mandu Sudanês, isto é, o mesmo em muitas línguas e nações sudanesas, diferentes do mandu de Angola que usa peneira no alto da cabeça e não só as cobre, como veste de kaique, pano branco com que se envolve, deixando só os pés descobertos e uma fresta para ver o caminho. Mandu parece-nos ter vindo do Quicongo: — muntu, pessoa e dudu, fantasma negro. Mundu diziam os africanos de origem e muitos de seus descendentes ainda assim pronunciam, embora brasileiros, dizendo mandu, como aqueles entendem que os deve dizer mundu, não se distinguam do mandu de Ameríndio.

Gunocô é alegre. Vem, ri-se agora de suas falsificações urdidas pelos indianistas nos atributos de Curupira, como deus das florestas, e de Caipora, como deus da caça. Gunocô não pára às solapas. Assoviando ou andando, bolindo sempre com as pernas, a sambar toda a vida, está dia e noite a divertir-se, mesmo só. É poeta convencido: — tudo que falava é um verso. Tudo que diz é cantando. Um tipo autêntico de africano alegre, mesmo nas ocasiões em que sua ira parece verdadeira.

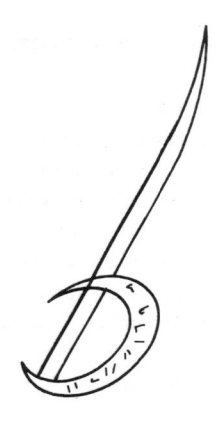

Ameaça, mas é inofensivo. Gunocô é honesto. Cumpre à risca seu destino, onde a mitologia Afro-Negra, ou melhor, a mitologia yorubana, o atirou. Não se vende: — fumo, cachaça, bieta, o que seja, não o compra. Não é como Caipora que consente que se matem os animais em troca de qualquer ninharia, nem como Curupira, que se deita dentro das palmeiras e deixa que o tapuia decepe o seu leito e o carregue. O mundo para Gunocô é bem diferente. Vive só, sem casa, sem mulher, sem consumições, sem necessidades. Compará-lo à Caipora é o mesmo que dizer que vinho é água de barrela, pois o mito de Caipora, de tanto transfundir-se, encaiporou-se mesmo. Confundi-lo com o Curupira é inconsciência. O mar que os separou é bem largo. Gunocô, negrinho retinto, nunca apertou as mãos de Curupira, caboclinho bronzeado. As vidas de um e de outro são bem diferentes — só havendo de comum o fato de serem ambos encegueirados pelos matos. Os nossos afroaboriginistas devem atentar para essas coisas e recompor os mitos para não estarem a dizer, em provas reais, que todo nosso fabulário foi devassado pelos afros-negros que o pintaram de personagem e episódios. Também em que se baseiam é o pior possível, o ouvido da boca 'das contadeiras de histórias', que tudo misturam para matar o tempo dos nenês grandes e ajudar o sono das crianças pequenas. O Afro-Negro nada inveja o Ameríndio para, como se tem dito, ser um parasita neste. Ainda se pode muito bem separar e distinguir grande parte de ambos e fazer o confronto, mesmo que o Ameríndio se dê sem surpresa para a civilização, a simbolização em muitos solares como os ideou o General Couto de Magalhães. Por felicidade temos um retrato do dudu feito por uma creoula chibante, pele de azeitona, que lhe guardou os 'quindins', fingindo ser ele quando caía no samba, nas festas de Ogun."

OGUM E OXÓSSI

Ogum, Oxóssi e Exu eram irmãos e todos três filhos naturais de Iemanjá. Ogum e Oxóssi eram mais calmos, enquanto Exu era super desobediente.

Ogum trabalhava nos campos, enquanto Oxóssi procurava as florestas e matas vizinhas para caçar. Por estes motivos a casa estava sempre abastecida da caça e da agricultura.

Iemanjá, muito preocupada, procurou um Babalawo para saber o que fazer, sendo aconselhada a impedir que Oxóssi continuasse a caçar na floresta, pois poderia vir a ser enfentiçado pelo deus das plantas e das folhas, Ossain, e permanecer vivendo na floresta com ele. Iemanjá tentou fazer com que Oxóssi deixasse a sua atividade de caçador, mas nada conseguiu. Certo dia, Oxóssi não regressou. Soube-se que ele se encontrava com Ossain, que lhe deu para beber uma poção que preparara com folhas maceradas, provocando em Oxóssi uma terrível amnésia. Oxóssi esqueceu quem era e onde morava e permaneceu na floresta.

Ogum foi à procura do irmão e conseguiu trazê-lo de volta, mas, Iemanjá não quis recebê-lo. Ogum revoltou-se com Iemanjá e abandonou sua casa. Oxóssi voltou para a floresta e a companhia de Ossain. Iemanjá, desesperada por ter sido abandonada pelos filhos, transformou-se num rio.

OGUM E IANSÃ

Conta uma lenda que Oiá era mulher de Ogum, antes de tornar-se esposa de Xangô e, com habilidade natural de mulher, procurava ajudar a Ogum levando seus instrumentos de trabalho e o ajudava, também, a manejar o fole para avivar o fogo da forja.

Oiá recebeu de presente de Ogum uma vara que dividia o homem em sete pedaços e em nove as mulheres que brigassem.

Xangô gostava de sentar-se à beira da forja para ver Ogum trabalhando em seus artefatos de ferro. Ogum não percebia que os olhares de Xangô eram dirigidos maliciosamente para Oiá que, com a sua presença elegante, pouco a pouco foi se impressionando, à ponto de aceitar galanteios. Um romance, uma violenta paixão nasceu e os envolveu, culminando com a fuga dos dois para bem longe.

Furioso, Ogum corre para alcançá-los.

Digladiaram-se, e a vara, ao tocá-los, fez com que Ogum fosse dividido em sete partes e Oiá em nove, recebendo, daí, Ogum, o nome de Ogum Mejé e Oiá, o de Iansã, cuja origem de Iyá Mesan Orum (a mãe transformada em nove).

OGUM — OBALUAĒ (Omolu, Xapanã)
— NANÃ BURUKU

Para falar das relações entre esses Orixás e Ogum, fomos buscar a palavra mais importante de Pierre Verger, que diz:

"Algumas lendas falam da disputa de Obaluaê e Nanã Buruku contra Ogum.

A importância de Ogum vem do fato de ser ele um dos mais antigos dos deuses iorubás e, também, em virtude da sua ligação com os metais e aqueles que os utilizam. Sem sua permissão e sua proteção, nenhum dos trabalhos úteis e proveitosos seriam possíveis. Ele é, então e sempre, o primeiro e abre o caminho para os outros Orixás.

Entretanto, certos deuses mais antigos que Ogum, não aceitaram de bom grando essa primazia assumida por Ogum, o que deu origem a conflitos entre ele e Obaluaê e Nanã Buruku.

Essa disputa entre divindades poderia ser interpretada como um choque de religiões pertencentes a civilizações diferentes sucessivamente instaladas num mesmo lugar e datando de períodos respectivamente anteriores e posteriores à Idade do Ferro."

PRECES A OGUM

Pai, que minhas palavras e pensamentos cheguem até vós em forma de prece, e que sejam ouvidas. Que esta prece corra todo o Universo e chegue até os necessitados, em forma de conforto para as suas dores. Que corra os quatro cantos da Terra e chegue aos ouvidos dos meus inimigos, em forma de brado e de avertência, de um filho de Ogum que sou e que nada temo, pois sei que a covardia não muda o destino.

Ogum, padroeiro dos agricultores e lavradores, fazei com que as minhas ações sejam férteis como o trigo que cresce e alimenta a humanidade, para que todos saibam que sou teu filho.

Ogum, Senhor das estradas, fazei de mim um verdadeiro andarilho, e que eu seja sempre um fiel caminheiro e seguidor do teu exército, e que nas minhas caminhadas só haja vitórias. E, mesmo quando aparentemente derrotado, eu seja vitorioso, pois, nós, os vossos filhos, não conhecemos derrotas, porque, sendo o Senhor o deus da guerra, nós, vossos filhos, só conhecemos a luta, como esta que travo agora, embora sabendo que é só o começo, mas tendo o Senhor como meu Pai, minha vitória será certa.

Ogum, meu grande Pai e protetor, fazei com que o meu dia de amanhã seja tão bom como o de ontem e o de hoje. Que minhas estradas sejam sempre abertas. Que no meu jardim só haja flores e que meus pensamentos sejam sempre bons, e que aqueles que me procuram consigam sempre o remédio para seus males.

Ogum, vencedor de demandas, que todos aqueles que cruzarem a minha estrada, que o façam com o propósito de engrandecer cada vez mais a Ordem dos Cavalheiros de Ogum.

Pai, dai luz aos meus inimigos, pois, se eles me perseguem, é porque vivem nas trevas e, na realidade, só perseguem a luz que vós me destes.

Senhor, me livre das pragas, das doenças, das pestes, dos olhos-grandes, da inveja, das mentiras e da vaidade que só leva à destruição. E que todos aqueles que ouvirem esta prece e também aqueles que a tiverem em seu poder, estejam livres das maldades do mundo.

Ogum, que eu possa sempre dizer para aqueles que me pedem bênção: Meu Pai te abençoe!

OUTRA PRECE A OGUM

Ogum, meu Pai — Vencedor de demanda
Poderoso guardião das Leis
Chamá-lo de Pai é honra, esperança, é vida
Vós sois meu aliado no combate
às minhas inferioridades.
Mensageiro de Oxalá — Filho de Olorum
Senhor, vós sois o domador dos
sentimentos espúrios.
Depurai com sua espada e lança,
minha consciente e inconsciente
baixa de caráter.
Ogum, irmão, amigo e companheiro.
Continuai na sua ronda em perseguição aos
defeitos que nos assaltam a cada instante.
Ogum, glorioso Orixá, reinai com sua falange
de milhões de guerreiros vermelhos e situai
por piedade o bom caminho para o nosso coração,
consciência e espírito.
Despedaçai, Ogum, os monstros que habitam nosso ser.
Expulsai-os da cidadela inferior.
Ogum, Senhor da noite e do dia
livrai-nos da tentação e apontai
o caminho do nosso Eu.

Vencedor, contigo descansaremos na
paz e na glória de Olorum.

Ogum iê, Ogum!
Glória a Olorum

Equipe Editores — 1978, p. 71
Fundamentos de Umbanda — Israel Cisneiros e Omolubá

REZA DE OGUM

Ke boro Ogum jô
Ogum ilê
So sojo Ionã
Ogum ilê
Ke boro Ogum jô
Ogum ilê
Agolonam Ogum de anice
Agô agolonam
Agolonam ke obá anice
Agô agolonam.

PRECE PARA FLUIR A ÁGUA

Lava-se uma garrafa branca. Coloca-se água limpa em um copo (meio copo d'água) e uma rosa branca.

Pôr as mãos em cima da garrafa (que deverá estar cheia de água) e fazer a seguinte prece:

"Pelo poder de Ogum, eu peço ao grande mensageiro divino que purifique esta água e que a mesma se transforme em medicamento, néctar extraído das folhas onde seus sabores se modificam para minha saúde.

Ogum, com minha fé inabalável, estarei protegido e curado das enfermidades que me afligem.

Levanta-me. Dai-me forças e vontade de trabalhar, que eu seja tão forte como o ferro e o aço.

Que assim seja, Ogum.
Salve a sua força!"

ORIKI (que demonstra o caráter violento de Ogum)
(tradução de Pierre Verger)

Ogum que, tendo água em casa, lava-se com sangue
Os prazeres de Ogum são os combates e as lutas
Ogum come cachorro e bebe vinho de palma
Ogum é violento guerreiro.
O homem louco com músculos de aço.
O terrível ebora que se morde a si próprio sem piedade.
Ogum que come sem vomitar.
Ogum que corta qualquer um em pedaços mais ou menos grandes
Ogum que usa chapéu coberto de sangue
Ogum tu és o medo na floresta e o temor dos caçadores.
Ele mata o marido no fogo e a mulher no fogareiro.
Ele mata o ladrão e o proprietário da casa roubada
Ele mata o proprietário da coisa roubada e aquele
que critica esta ação.
Ele mata aquele que vende um saco de palha
e aquele que o compra.

EJIOKO — Principal Odu de Ogum

Ejioko é o principal Odu de Ogum e de Ibeji.

Segundo a lenda, Ejioko foi gerado da união do Odu Oxê com o Odu Ejionile.

Os mais antigos Babalorixás afirmam que o Odu Ejioko não possui pecado original.

Ejioko e Ogum são os donos dos metais negros, ou seja, tudo o que é de ferro e os trabalhos de forja.

A saudação para este Odu é *Damassa Ogum Awa Nejí*.

As pessoas regidas por este Odu possuem um bom orí (cabeça), que lhes proporciona grandes fortunas. São brincalhonas, porém, passam na forma negativa por problemas de justiça, prisão, brigas, pancadarias, desfechos perigosos e falsidades. Não têm consciência no que fazem, começam e não terminam as coisas.

Geralmente são pessoas nervosas e dadas a grandes conquistas, não importando como realizá-las e, também, não medem esforços para conseguir seus objetivos.

São bons apreciadores da bebida e do jogo.

Os homens têm tendência a vários romances e as mulheres a grandes paixões.

São ótimos amigos, mas não toleram os falsos.

Quando as coisas não estão indo bem com pessoas ligadas a este Odu, elas devem tomar três banhos seguidos e despachar os detritos em uma estrada:
— banho de milho verde,
— banho de canjica, ou
— banho de feijão fradinho torrado.

Após, agrada-se a Ogum na estrada. E boa sorte!

UNIÃO DE OGUM COM OUTROS ORIXÁS

OGUM e OXÓSSI	— Não dará certo em casos amorosos, embora sendo irmãos só apresentarão mesmo uma boa amizade.
OGUM e OSSAIN	— não dará certo, sempre haverá problemas
OGUM e OXUMARÊ	— um bom par
OGUM e XANGÔ	— bons negociantes; no amor, não.
OGUM e OBALUAÊ	— bons amigos, mas não no amor
OGUM e IANSÃ	— um bom par
OGUM e LOGUM	— uma amizade criativa
OGUM e OXUM	— amizade duradoura
OGUM e EWÁ	— um perfeito par e amizade sincera
OGUM e OBÁ	— não dará certo
OGUM e IEMANJÁ	— bons amantes, porém, grandes conflitos por ciúmes
OGUM e NANÃ	— amizade sincera; os negócios darão certo
OGUM e OXALÁ	— sinceridade na amizade e nos negócios que sempre darão certo.

QUALIDADES DE OGUM (mais cultuados no Rio de Janeiro)

OGUM XOROQUÊ	— (é o mesmo que Ogum Megê na Umbanda) meio Ogum, meio Exu.
OGUM JÁ	— ligado a Oxalá (na Umbanda, Ogum Matinada)

OGUM WARI — ligado a Oxum, Logum e Oxalá (na Umbanda é Ogum Beira-Mar, Sete Ondas e Ogum Iara)
OGUM AIAKÁ — ligado a Oxalá e Iemanjá (na Umbanda é Ogum Naruê e Rompe-Mato)

TIPOS DE DOENÇAS QUE MAIS ATACAM OS FILHOS DE OGUM

OGUM XOROQUÊ — doenças hepáticas e cefaléia
OGUM JÁ — coração e pressão alta
OGUM WARI — problemas auditivos e cercivobraquialgia

OGUM (Falangeiros)*

Bravo Guerreiro,
que estais em todo terreiro,
Bravo Guerreiro
amigo, irmão, bom companheiro,
que defende e acompanha os filhos-de-fé,
livrando-os das terríveis
tentações e maldições.
Bravo Guerreiro,
que no cintilar de sua espada
me acompanhas e me guardas.
Bravo Guerreiro,
que estais no mundo inteiro.

Ogum simboliza a força e o poder, e é comparado ao planeta Marte. Seu dia votivo é a terça-feira e é muito festejado no Rio de Janeiro. Seus colares, na Umbanda, são na cor vermelha.
Ogum está simbolizado como o Senhor das Estradas e dos Caminhos.

---

* Falangeiros, Falange: multidão de espíritos ou elementais que se reúnem em corte para a realização de trabalhos.

Sua saudação na Umbanda é: "Saravá Ogum", ao que todos respondem: "Ogum-ê".

Na Umbanda o Orixá Ogum possui vários falangeiros:
- Ogum Naruê
- Ogum Beira-Mar, Ogum Sete Ondas, Ogum das Ondas
- Ogum Iara, Ogum dos Rios
- Ogum Megê, Ogum Sete Estradas, Ogum Sete Espadas
- Ogum Malê, Ogum Matinata
- Ogum Rompe-Mato
- Ogum Nagô

Ogum recebe suas oferendas perto dos rios, das praias, no centro das matas e à beira das estradas próximo às vias férreas.

OGUM NARUÊ

Trabalha na irradiação da Linha das Sete Encruzilhadas.

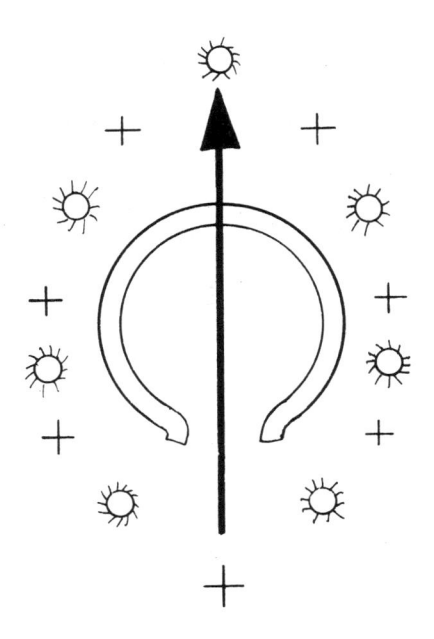

BANHO
- Espada de São Jorge
- Folhas de guiné
- Folhas de fortuna
- 1 galhinho de arruda
- Folhas de elevante
- Cravos brancos

Colocam-se as folhas em um recipiente. Joga-se a água fervente por cima. Em seguida, colocam-se os cravos brancos, sem os talos, no recipiente e abafa-se.

O banho deve ser feito do ombro para baixo.

Após o banho acende-se 1 vela ao lado de 1 copo d'água açucarada para o anjo de guarda.

OGUM BEIRA-MAR

Ogum Beira-Mar, ou Ogum das Ondas, auxilia Iemanjá em todos os trabalhos de magia.

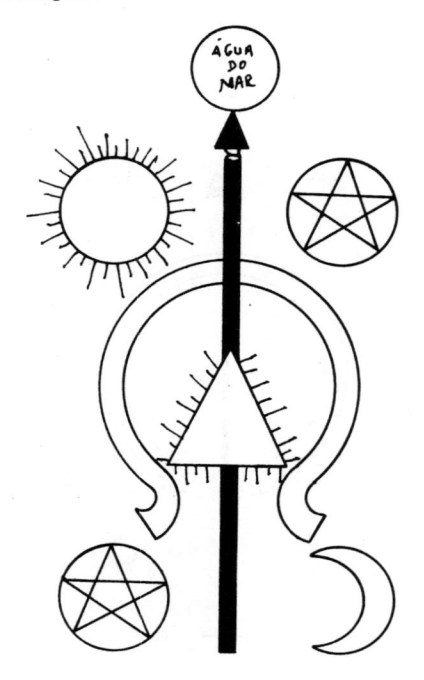

BANHO
— 1 rosa branca
— 1 palma de São José
— 3 algas marinhas
— 1 espada de São Jorge
— 1 galho de guiné

Separa-se a rosa do seu talo e junta-se a palma de São José, que ficarão reservadas.

Lavam-se as algas, a espada de São Jorge e o guiné, para retirar toda a poeira.

Ferve-se de 3 a 5 litros de água e joga-se por cima das flores e das ervas, previamente colocadas num recipiente. Abafe-se e estará pronto o banho.

É comum acender-se 1 vela para o anjo da guarda após ter tomado o banho.

OGUM IARA

Servidor dedicado às falanges dos rios, lagos e cachoeiras, onde auxilia Oxum em todos os seus trabalhos.

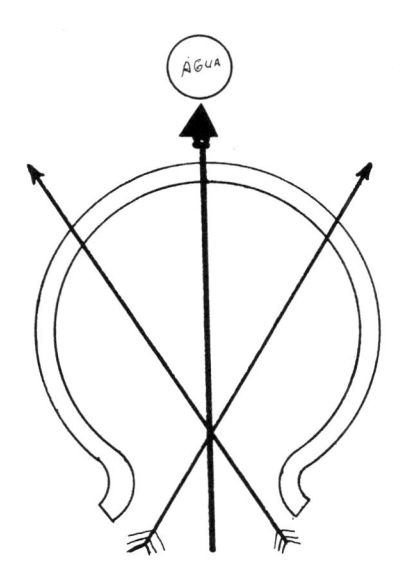

BANHO

- 1 espada de São Jorge
- 3 algas marinhas
- 3 rosas brancas
- 1 galhinho de guiné
- 1 galhinho de arruda

Lavam-se a espada de São Jorge, as algas e os galhinhos de guiné e de arruda, retirando toda a poeira. Fervem-se 5 litros de água (mais ou menos). Colocam-se as ervas num recipiente e despeja-se sobre as mesmas a água fervente e, por cima, colocam-se as rosas cortadas, sem o talo.

Abafe o recipiente do banho que, deste modo, estará pronto para ser usado.

Este banho é despejado do pescoço para baixo. Após, acender uma vela para o anjo de guarda.

OGUM MEJÊ

Guardião do cemitério, atende perfeitamente ao Senhor do Cemitério, Omolu.

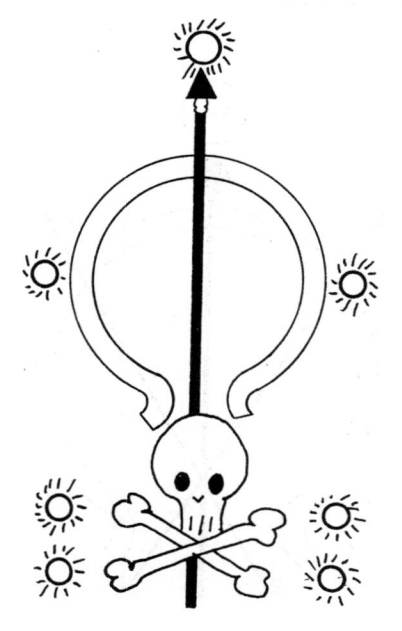

BANHO
- 1 espada de São Jorge
- 1 punhado de flores de violetas
- algumas gotas de perfume de alfazema
- 1 galho de guiné.

Lavam-se a espada de São Jorge e o galho de guiné para retirar todos os vestígios de poeira ou resíduos deixados por insetos. Em seguida, ferve-se a água e joga-se por cima das folhas, já lavadas, e por cima destas são depositadas as flores.

Na hora de tomar o banho, perfuma-se a água com algumas gotas do perfume de alfazema.

Toma-se o banho do pescoço para baixo e acende-se uma vela (ao lado de um copo branco com água) para o anjo-de-guarda.

OGUM MALÊ

Grande agente da linha de Malê, praticando a caridade na Quimbanda.

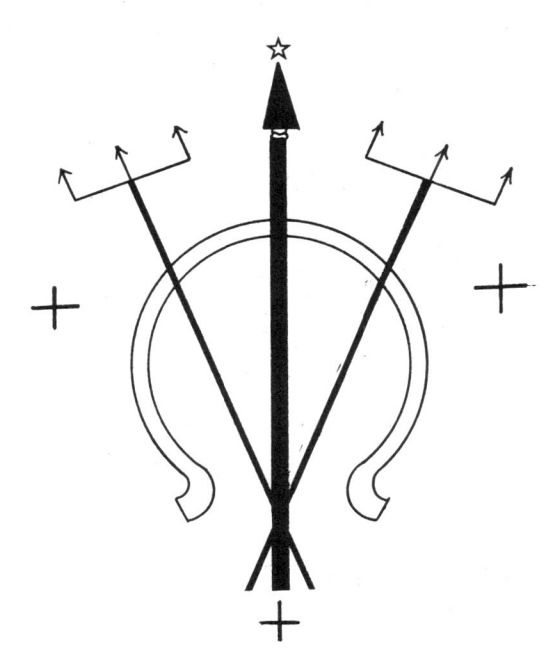

BANHO

— Folhas de guiné
— Folhas de espada de **São Jorge**
— 1 fava de abre-caminho (ralada)

Ferve-se a água e joga-se em cima das folhas.

Coa-se e adiciona-se na água a fava relada.

Acende-se, após o banho, 1 vela para o **anjo-de-guarda**, e, ao lado, um copo d'água açucarada.

OGUM ROMPE-MATO

Servidor fiel de Oxóssi. Guardião das matas, onde **recebe** oferendas diversas de seus fiéis.

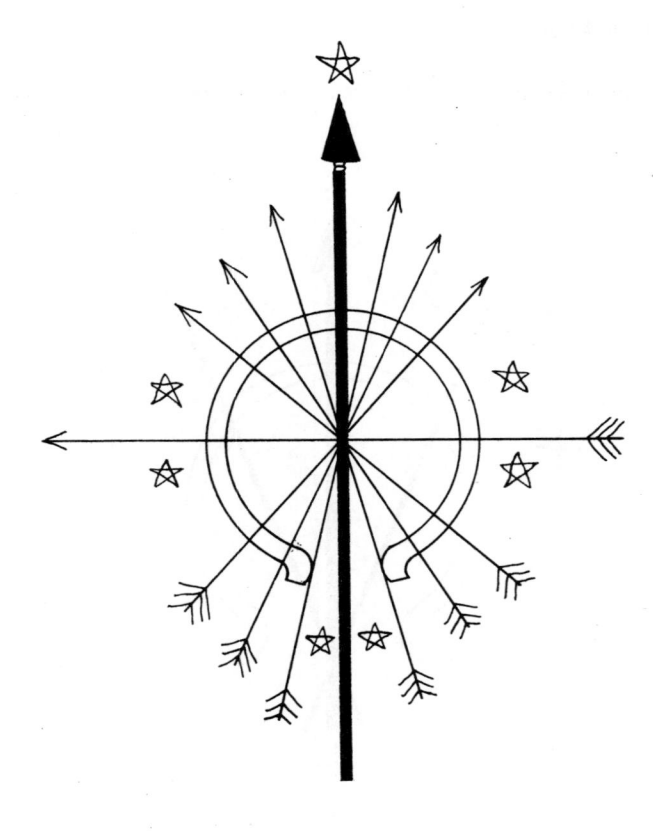

BANHO
- 3 palmas vermelhas ou brancas
- Folhas de guiné
- Folhas de macaçá
- Folhas de manjericão de horta
- Folhas de abre-caminho

Ferve-se água e joga-se em cima das folhas, já acondicionadas em um recipiente.

Em seguida, cortam-se as palmas, que poderão ser substituídas por rosas, nos tons de cores acima.

Toma-se este banho do ombro para baixo.

Após o banho acende-se 1 vela, acompanhada com 1 copo d'água com gotas de perfume de alfazema.

OGUM NAGÔ

Seus trabalhos são ligados à tranqüilidade, protegendo quem necessita de um socorro espiritual, desfazendo as energias negativas. Servidor dedicado ao povo de Ganga.

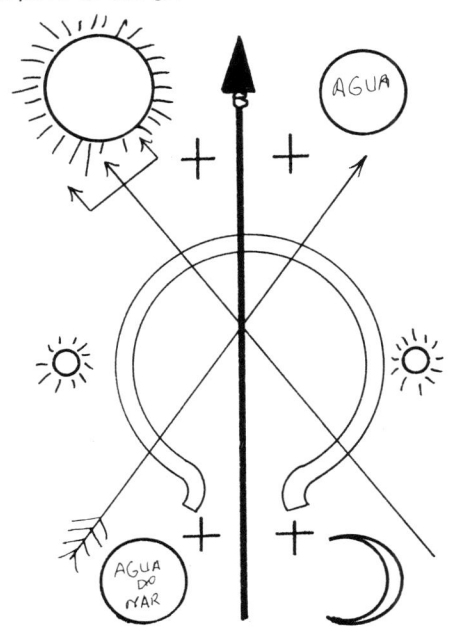

BANHO
— Folhas de abre-caminho
— Folhas de alecrim do campo
— Folhas de arruda

Ferve-se a água e joga-se sobre as folhas, já reservadas num recipiente.

Toma-se o banho do ombro para baixo.

Após o banho acende-se 1 vela ao lado de 1 copo d'água.

CANTIGAS DE CANDOMBLÉ

Roxemucumbê
Taramenzo denguê
Goê, aê, aê, goê, aê
Roxemucumbê
Para mandá caiá
Goê, aê, aê, Goê, aê

Como senzala, senza, roxe
Camunguerê
É turamô
Como senzala, senza, roxe
Camungurê
Aê roxê

Ogum braga daê, ê
Ogum bragadá
Ogum braga daê, ê
Ogum bragadá

Ogum oiá
Ogum oiá a di menê
Ogum oiá a di menê
Patakori, é di menê

Tabalacime no tabalamê
Tabalacime no tabalamê, aê, roxê

É, no tabalamê, aê roxê
É no tabalamê ê

Banda, minicongo aê, aê (bis)
Banda minicongo é minicongo
Quebu Kewala

Xalarê Ogum onilê oreguedê
Ogum onilê oreguedê
Togum male oreguedê
Ogum xola xó
Mariou lá
Xourô Ogum ou Mariou
Marioulê Marioulá, Mariou
Mariou gum Ogum tá megê
Mariou ou chê
Ogum tocô loabê
Mariou oulê
Ogum barabará
do rou dum ê
e dô rou dum
ezou ezou imbelezou
Daguê minha Ogum de loá
Imbelezou daqui minhá.

Oluande lê rossi
Okitalande (bis)

De onde vem Ogum-Marinho (bis)
Veio das ondas do mar
Com a cruz de Deus na frente,
Vencer ou vencerá
Ajudai-me a vencer
Essas batalhas reais.

De onde vem Ogum-Marinho
Veio das ondas
Veio das ondas do mar
Veio das ondas.

Ogum pa lelê pá
Ogum pa ojarê
Ogum pa koro pá
Ogum pa ojarê

Rossi biole que biola
Oh, meu cajá mugongo
Rossi biole que biola
Oh meu cajá mugongo
Rossi biole que biolá.

PONTOS CANTADOS DE UMBANDA

Oh, que céu tão estrelado
Oh, que noite tão formosa
Carruagem tão bonita   (bis)
Que Ogum ganhou   (bis)

Ouvindo um toque de clarim na lua
Era o toque do Major do dia
Ogum foi Praça de cavalaria
Foi ordenança da Virgem Maria, Ogum nhê
Laiá, lá, rá, rá, rá, rá, ralaia
ra, ra, rá.

Que cavaleiro é aquele
Que vem cavalgando pelo céu azul
É seu Ogum Matinada
Que é defensor do Cruzeiro do Sul
Rê, rê, rê
Rê, rê, rê
Rê, rê, rê seu cangira
Pisa na Umbanda (bis)
Seu Cangira tá de ronda
Toda noite, todo o dia,
Seu Ogum com sua espada
Era quem defendia, Cangira
rê, rê, rê

rê, rê, rê seu Cangira
Pisa na Umbanda (bis)

A sua espada brilha ao raiar do dia
Seu Beira-Mar é filho da Virgem Maria
Beira-Mar, beirando a areia
Seu Beira-Mar é o Santo que nos guia (bis)

O homem que fuma e bebe, ó Ganga
É Ogum Naruê, ó Ganga
Irê, irê, irê, ó Ganga
É Ogum Naruê, ó Ganga.

De onde vem Ogum Marinho
Vem das ondas
Veio das ondas do mar
Vem das ondas
Com a cruz de Deus na frente
Pra vencer e vencerá
Me ajude a vencer
Esta batalha real.

Se meu Pai é Ogum
Vencedor de demanda
Ele vem de Aruanda
Pra salvar filho de Umbanda
Ogum, Ogum Iara
Ogum, Ogum Iara
Salve o povo de Malásia
Salve a Sereia do Mar
Ogum, Ogum Iara.

Ogum Iara, Ogum Megê
Olha Ogum Rompe-Mato auê
Ogum Iara, Ogum Megê
Ogum Rompe-Mato auê.

Saravá Ogum
Saravá Ogum

Mas se ele é da coroa de um rei
Saravá Ogum
Na fé de Oxalá, ele é Ogum Megê
Saravá Ogum (bis).

Beira Mar, auê Beira Mar
Beira Mar, auê Beira Mar
Que está de ronda, é militar
Ogum já jurou bandeira
No campo do Humaitá
Ogum já venceu demanda
Vamos todo saravá
Salve Ogum Beira Mar.

OFERENDAS PARA OGUM

PARA ABERTURA DE CAMINHOS

ERAN DE OGUM
— fígado
— coração
— bofe
— cebola ralada
— azeite de dendê

Cortam-se os miúdos (todos miúdos de boi), bem cortadinhos. Refoga-se com cebola ralada em azeite de dendê. Depois de cozidos serão colocados em alguidar bem lavado.

FAROFA PARA ABRIR CAMINHOS
— folhas de aroeira
— farinha de mesa, crua
— mel de abelhas
— 21 moedas
— 1 alguidar

Fazer uma farofa fria (farinha e mel), manipulando com as mãos. Lavar o alguidar e colocar a farofa. Rodear a oferenda com as folhas de aroeira, fazer o pedido e colocar as moedas.

Esta oferenda deverá ser arriada em estrada de subida, ou no próprio assentamento de Ogum.

INHAME DE OGUM

- 21 palitos de *mariwo*
- 1 inhame
- azeite de dendê
- mel de abelhas
- 7 moedas
- 7 velas
- 1 alguidar

Assar o inhame e colocar no alguidar e espetar os palitos de *mariwo* no inhame, regando com azeite de dendê e com o mel de abelhas. Passar as moedas no corpo, fazendo o pedido mentalmente, colocar as moedas no alguidar e acender as velas.

GRANDE AMOR

- 1 coração de boi
- farinha de mesa
- mel de abelhas
- 2 velas de cera
- 1 par de ímãs
- nomes escritos em papel branco
- 1 retrós de linha branca.

Colocar os nomes escritos da pessoa dentro do coração, junto com o par de ímãs. Amarrar o coração com toda a linha. Fazer uma farofa com o mel de abelhas e colocá-la por cima de tudo. Acender as duas velas unidas nos pés de Ogum.

FEIJÃO TORRADO DE OGUM

- feijão fradinho
- camarão seco
- cebolas
- farinha de mesa
- 7 moedas iguais
- 1 alguidar

Torrar o feijão fradinho e colocar no alguidar, cobrindo com rodelas de cebolas. Por cima, colocar uma farofa de camarões e dendê e enfeitar com mais rodelas de cebolas. Fazer o pedido e ir colocando as moedas no alguidar.

SEGURANÇA (PARA AFASTAR OLHO-GRANDE)
- 1 cabaça
- 4 búzios abertos
- 4 moedas de igual valor
- 1 fava de Ogum
- 1 ímã
- mel de abelhas
- feijão fradinho
- 1 metro de fita azulão

Abrir a cabaça e retirar os caroços. Colocar o feijão fradinho torrado, o ímã, as moedas, um pouco de mel e os búzios. Prender a cabaça atrás da porta com a fita azulão.

EBÓ PARA OGUM*
- 1 galo vermelho
- 1 inhame
- 7 acaçás
- 7 moedas
- 2 alguidares
- azeite de dendê
- mel de abelhas
- 21 palitos de *mariwo*

Pôr em um dos alguidares o inhame assado e espetar os 21 palitos do *mariwo*, regando com dendê e mel. Colocar sete acaçás ao redor, acompanhados das sete moedas, espetando em cada acaçá uma moeda. No outro alguidar sacrificar o galo vermelho para Ogum, fazendo o pedido. Arriar os *axés*.

EBÓ DE OGUM E EXU
- 1 alguidar
- 7 pratos de barro
- 7 bifes
- cebolas
- camarão seco
- azeite-de-dendê
- farinha branca

---

* Este *ebó* somente deve ser executado por quem esteja preparado e autorizado a realizar matanças para os Orixás.

Fazer uma farofa com dendê para Exu, colocar no alguidar e enfeitar com rodelas de cebola. Fazer sete bifes, ligeiramente passados no dendê, colocando um em cada prato, regando-os com molho de camarões para Ogum.

COMIDA PARA OGUM
- grão-de-bico
- camarões salgados
- inhame cozido
- azeite de dendê
- cebola
- manga espada
- vinho branco

Cozinhar o grão-de-bico até ficar macio. Logo após refogar com a cebola bem batidinha, os camarões limpos e lavados e o azeite-de-dendê. Reserve.

Cozinhar os inhames, sem sal. Escorrer a água, descascá-los e amassá-los. Formar bolinhos, em número de sete, bem compridos.

Armação do Prato: num alguidar bem lavado colocar a porção de grão-de-bico e, da esquerda para a direita, ir colocando os sete bolinhos ao redor. Acompanha vinho branco e a manga, em prato de barro, ornamentado com erva-tostão.

PARA SITUAÇÃO DIFÍCIL
- 1 galo vermelho
- 7 velas
- aroeira

Passar o galo pelo corpo. Fazer seu pedido no bico do galo e soltá-lo numa estrada de subida. Em seguida, acender as sete velas para Ogum. Chegando em casa tomar um banho de aroeira, do pescoço para baixo, pedindo ao grande Orixá vitória em seus caminhos. Despachar as ervas do banho em matinho limpo.

PARA ABRIR CAMINHOS
- 1 quilo de inhame
- 100 gramas de camarões secos e salgados
- 1 cebola picada
- 7 moedas
- azeite doce

Cozinhar o inhame e retirar as cascas, a seguir amassar com um garfo. Lavar os camarões e refogá-los com a cebola no azeite doce. Formar sete bolinhos compridos, colocando o pedido em cada bolinho. Colocar por cima o molho de camarões e em volta as moedas. Acender sete velas. Acompanham sete cravos vermelhos, sete espadas de Ogum e uma cerveja branca, aberta.

VENCER BATALHAS OU DEMANDAS
— 1 inhame grande (cará)
— 21 palitos de *mariwo*
— 1 travessa de barro
— 7 moedas

Assar o inhame, depois que esfriar espetar com os palitos, fazendo o pedido. Colocar na travessa, rodear com as moedas. Colocar ao lado um copo de suco de espada de São Jorge. Não esquecer as palmas vermelhas.

IMANTAÇÃO ORIENTAL PARA OGUM
Camarões refogados no azeite doce. Tomates em rodelas. Três pimentões maduros. Um copo de suco de espada de São Jorge.

Em uma travessa coloque os camarões e, em seguida, as rodelas de tomate e os pimentões cortados em tiras, ao comprido, enfeitando o prato. Ao lado o copo com o suco da espada de São Jorge.

FEIJOADA PARA OGUM
— feijão cavalo
— carne salgada
— azeite de dendê
— cebola
— louro
— 1 panela de barro vitrificado

Limpe os feijões. Dessalgue as carnes e cozinhe tudo com folhas de louro. Depois de cozido, refogue com cebola batidinha e despeje na panela de barro.

Ofereça a Ogum em uma estrada, juntando uma cerveja branca, uma caixa de fósforos e um charuto de boa qualidade.

AIPIM PARA OGUM ROMPE-MATO
— aipim
— folhas de aroeira

- azeite doce
- mel de abelhas
- 1 copo branco, liso
- 1 cerveja branca
- 1 caixa de fósforos
- 1 charuto
- 3 velas, sendo: 1 verde, 1 azul e 1 vermelha
- 1 alguidar vitrificado, ou travessa de barro
- cravos vermelhos

Cozinhar o aipim e fazer vinte e um bolinhos compridos. Reservar. Forrar a travessa (ou alguidar) com folhas de aroeira em raminhos e, por cima destes, arrumar os bolinhos. Regar com azeite doce e mel de abelhas. A cerveja branca será aberta, devendo-se salvar os quatro elementos da natureza: a terra, a água, o fogo e o ar; finalmente, despejar no copo a quantidade necessária para deixá-lo semi-cheio, a seguir o charuto e a caixa de fósforos. Por fim, acender as três velas em forma de triângulo. Local da arriada: estrada de subida.

ATIM DE OGUM (PÓ DE AXÉ)
- 1 fava de Ogum (triturada e passada no moinho)
- folhas de mutamba seca (trituradas até ficar em pó)
- louro em pó
- 2 pembas brancas, raladas
- 1 pemba azul, ralada

Misturar tudo e colocar em vidros bem lavados. Conservar em lugar seco.

REZA PARA O ATIM DE OGUM

Que na sabedoria de Olorum
No poder dos sete caminhos
Ogum esteja presente
Axé, Axé, Atim, Ogum.

Acender uma vela de três dias, deixando nos pés do Santo.

PÓ DE AXÉ (ATIM)
- fava de pixurim
- noz moscada ralada
- erva-doce
- açúcar

- dandá da costa
- sândalo em pó
- pau d'angola ralado
- pó de louro
- pemba branca
- talco floral

ATIM DE OGUM
- 7 pembas azuis
- 3 favas de pixulim
- 3 favas de Ogum
- sândalo em pó
- ossum
- 3 pembas brancas

BANHOS

DESCARREGO (ORIENTAL)
- 1 espada de Ogum
- 1 galho de aroeira
- 7 gotas de perfume violeta

Ferver a água, colocando as folhas (espada de Ogum e aroeira); abafar e colocar, depois de frio, as gotas de perfume. Deixar no sereno em lua cheia e dividir em três partes. Usar uma parte em cada dia.

PARA OS FILHOS DE OGUM
- guiné
- arruda
- elevante
- espada de Ogum

Colocar as folhas numa vasilha, jogar água fervente por cima e abafar. Tomar o banho do pescoço para baixo. Acender uma vela após o banho.

PARA OLHO-GRANDE
- palmas
- elevante
- arruda

Quinar as ervas e tomar o banho do ombro para baixo. Em seguidar, dar um agrado para Ogum.

PARA AFASTAR INIMIGOS
— abre-caminhos
— alecrim do campo
— rosas vermelhas
— cravos vermelhos

Macerar as ervas em um litro de água do mar e acrescentar três litros de água mineral.

Os banhos serão tomados do ombro para baixo. Depois despachar as ervas no mar. Acenda uma vela para Ogum Beira-Mar, como proteção espiritual.

OUTRO PARA AFASTAR OLHO-GRANDE
— fumo de rolo
— 1 galho de arruda
— 3 pedras de sal grosso
— palha de alho

Em água fervente, colocar todo o material e abafar. Quando estiver frio, tomar o banho do pescoço para baixo. Em seguida, acende uma vela para o Anjo da Guarda.

BANHO DA SORTE
— folhas de fortuna
— abre caminho
— dinheiro em penca
— espada de São Jorge

Ferver a água e colocar as folhas. Coar e jogar do ombro para baixo. Despachar as folhas em matinho limpo.

PARA TER SORTE DENTRO DA RESIDÊNCIA

Para ser feliz dentro da nova residência faça o seguinte: bata uns galhos de aroeira ou de São Gonçalinho em todas as paredes da casa, começando pela cozinha, até chegar à porta principal. Em seguida, jogue água por todos os cantos e varra bem, retirando todas as folhas. Fazer um pacote destas folhas e despachar num rio.

Ao regressar é necessário fazer um bom defumador, pedindo ao grande Orixá Ogum que defenda sua residência de todos os perigos.

Prece para a Defumação: Ogum, mensageiro de luz, permita-me que nesta nova residência sejam afastadas todas as influências negativas, e proteja minha família. Que todos que entrarem em minha casa recebam os bons fluidos, e que por esta porta entre a fatura e a prosperidade. Que assim seja.

PROTEÇÃO DE OGUM PARA LOJA
- 1 quartinha de barro
- 1 alguidar pequeno
- 1 bigorna (lavada em amaci preparado com aroeira, São Gonçalinho e peregum)
- 7 moedas
- 1 pedaço de ferro
- 1 fava de Ogum
- 4 búzios abertos
- vinho branco
- dendê

Colocar ao lado esquerdo da porta de entrada, bem discretamente.

PROTEÇÃO DE OGUM PARA CASA
- 1 espada em miniatura (em aço)
- 1 fava de Ogum
- 1 colarzinho com continhas de cor azulão
- 7 moedas antigas
- 1 ímã
- algumas folhas de Ogum

Colocar num saquinho de fazenda azulão estampadinho, o seguinte: a fava de Ogum, as folhas, as moedas e o ímã, já lavados em sumo de espada de Ogum. Enfeitar com o colarzinho e a espada virada para cima, amarrando com fita azulão, deixando caídas as pontas.

OGUM — SENHOR DOS SETE CAMINHOS

Este grande mensageiro de luz protege a todos os filhos de fé, seja qual for o caso, resolvendo problemas de amor não correspondido; de empresas metalúrgicas; do comércio em geral.

Seus adeptos procuram lhe agradar com oferendas diversas, a fim de obterem grandes aberturas em seus caminhos.

Ogum é o grande desbravador.

Em todos os terreiros, roças, abassás e ilês, nada se faz sem o auxílio de Ogum, nas várias irradiações que lhe são atribuídas.

Geralmente, como já foi amplamente explicado, suas oferendas constam de galos vermelhos, fitas coloridas nos tons azul, encarnado e branco, pembas e cerveja branca.

Salve toda sua falange.
Salve Ogum guerreiro.

OXÓSSI

Grande é a semelhança entre Oxóssi e Ogum. Enquanto Ogum representa as árvores sagradas, Oxóssi, seu irmão mais novo, está ligado à terra, de onde se obtém tudo. Esta é a razão pela qual se diz que os banhos deverão ser devolvidos à terra, para se obter prosperidade — a água é o elemento principal do banho e pode ter as mais diversas origens, tais como: chuva, cachoeira, regatos, do sereno e outras. Na água são trituradas, maceradas ou quinadas as ervas, com o auxílio das mãos, que transmitem uma energia positiva para aquele que recebe o referido banho.

Oxóssi é um caçador destemido, que corre pela terra à procura de sua caça preferida.

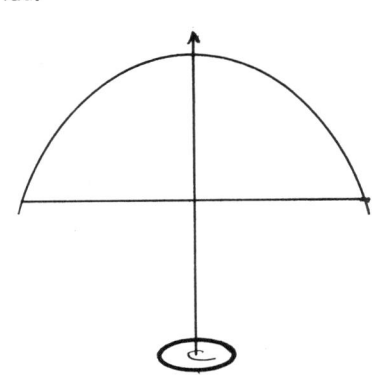

Orixá de origem Ketu, possui o elevado cargo de rei, título oficial "Rei de Alaketu".

Quando os negros chegaram ao Brasil trouxeram a crença nos seus Orixás e introduziram na Bahia o seu culto, sendo a primeira Roça fundada na Barroquinha, da qual se originaram tantas outras, também de Ketu e espalhadas por este imenso Brasil.

O lugar de origem de Oxóssi é *Ekijá,* perto de *Ijebu Odé.*

O suporte de seu Axé é um arco e flecha de ferro fundido.

No Brasil louva-se, dentro da linhagem de Oxóssi, um Orixá de nome Logum Edé — Odé, o Caçador — conhecido por ser filho de Oxum Epondá com Ibulama ou Inlê.

No curso das danças em louvor a Oxóssi, seus adeptos imitam o gesto de um caçador perseguindo a caça, e o tiro de arco.

Seu fetiche principal é o arco e a flecha.

Na África, na sua indumentária, usam chifres de touro selvagem, os quais, no Brasil, são substituídos por chifres de touro Marajó.

Suas comidas prediletas são as caças e os animais domésticos, o axoxô, que é feito de milho com coco ralado, e ainda o feijão fradinho, milho cozido, acaçá e arroz.

Os filhos de Oxóssi são, na sua grande maioria, rápidos de raciocínio, decididos e responsáveis.

Seus colares ou fios de contas, normalmente, são confeccionados com contas nos tons azul claro ou esverdeado.

Quando dança, evolui em passos rápidos. Traz em uma das mãos o Irukerê (símbolo dos reis da África) e, na outra, um odé-mata (arco e flecha) em miniatura. Dança aparentando o ato de um caçador apontando para o alvo (no caso, a caça).

Suas vestes trazem um par de chifres de touro, capanga, arco e flecha, couraça, chapéu de couro.

O Olossain é o conhecedor das folhas e da feitura dos talismãs, sendo um guardião de Oxóssi.

Deus da caça e esposo de Oxum, é festejado na Bahia no dia de Corpus Christi, que é uma festa móvel da igreja católica, e que as Casas de Nação louvam com o toque dos seus atabaques.

ERUKERÊ

Rabo de touro preso em cabo de madeira, com búzios encastoados em pedaço de couro.

O cabo de madeira é oco, onde contém pós de axé, folhas e pedaço de osso de animal sacrificado.

O rabo de touro deverá ser lavado em água que contém elementos da natureza, antes de ser preso ao cabo.

Grande protetor da agricultura, possui muita afinidade com Oxum.

Seu templo fica na cidade de Olobu, na Nigéria. Em Gêge é conhecido por Agué, de origem Daomeana, tendo um Templo que lhe é consagrado, localizado em Abomey.

Do som dos chifres, ressoando, se dá a comunicação entre o *Aiyê* e *Orum* (terra e céu). O seu efeito é para o ritual do culto dirigido a Odé, onde os africanos se expressam desta forma: "Senhor, escute minha voz".

Como já foi explicado anteriormente, cada palito de dendezeiro do xaxará de Obaluaê simboliza um ancestre. Da mesma forma, cada elemento do erukerê ou iruesim, seus pós mágicos extraídos das raízes e folhas trituradas representam os ancestrais (espíritos) dos animais do *Aiyê* (terra) e dos espíritos da floresta.

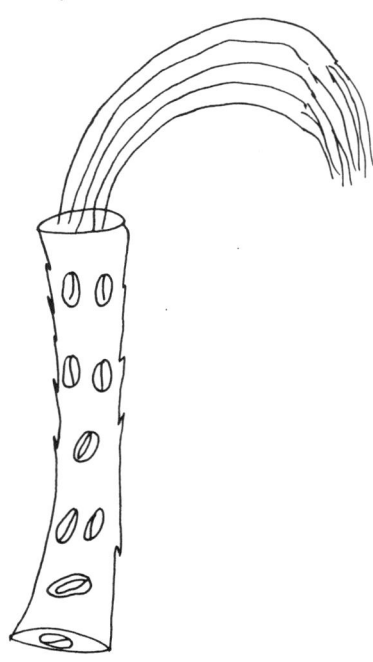

Quando o erukerê é utilizado nas danças, o filho de santo está possuído pelo referido Orixá. Seu movimento rotativo representa, astrologicamente, o elemento AR, os próprios ventos que dão origem às grandes chuvas; por esta razão ele também é utilizado por Iansan (Oyá) e é seu símbolo do poder, para reprimir os ventos e acalmar as grandes tempestades.

O dia dedicado a Oxóssi é quinta-feira.

Seus devotos usam contas de cor azul claro ou verde, nos seus fios de contas. É saudado pela expressão *Okê Arô*.

Conhecido no Brasil por Inlê ou Ibualama, atraiu Oxum para um riacho que ele habitava.

Usa um caça-moscas de couro de três pontas, que o filho de santo bate, em transe.

Oxóssi é conhecido na Nação Angola como Mutakalambo. Sua ferramenta é um Odé-mata, simbolizado por um arco e flecha em miniatura confeccionado em ferro, metal branco ou bronze.

Aceita suas oferendas em alguidares de barro.

OXÓSSI NA UMBANDA

Oxóssi, deus das florestas, onde habitam todas as espécies de caça e das matas, onde são colhidas as ervas, folhas e raízes que fazem parte do ritual litúrgico e empregados nos amuletos, banhos, pós de axés, etc. A própria medicina alternativa emprega suas folhas nas formas as mais diversas, como ungüentos e bebidas das mais variadas, para a cura de doenças do corpo e da alma.

Das forças das matas se obtém uma energia cósmica que envolve cada ser que nela habita e proporciona ao humano o equilíbrio benéfico de suas virtudes. Estas são extraídas das folhas, em contato direto com a água, como se fosse um bálsamo que transmite a paz e a saúde.

Oxóssi é um deus caçador, que corre as matas à procura de sua caça favorita.

Seu dia consagrado na Umbanda é, também, a quinta-feira.

Mercúrio é o planeta que o rege, sendo representado por uma espingarda de madeira.

Suas guias (fios de contas ou colares) são confeccionadas em contas verdes de cristal lapidado ou louça. Estas são usadas dentro da Umbanda e nos cultos Bantus em geral.

Oxóssi possui uma grande falange de caboclos e caboclas que usam cocares de penas coloridas de aves diversas (arara, avestruz e ema).

Quando o filho de santo entra em transe, sendo por ele possuído, é como se estivesse na própria floresta.

Os caboclos — índios — não deverão ser confundidos com o Orixá Oxóssi; são falangeiros que vêm prestar sua caridade.

Além dos caboclos de penas, existem ainda os boiadeiros, com suas roupagens características do norte e do sul do País, incluindo o seu indefectível chapéu de couro e corda de laço.

Portanto, Oxóssi é o Rei das Matas, sendo bastante cultuado em muitos terreiros de Umbanda por todo o Brasil, bem como nos Candomblés de origem Gêge, Angola, Efon e Ketu.

Suas oferendas são entregues nas matas ou embaixo de árvores novas e bem viçosas.

Sua saudação:	Oke bambi
	o clime!
	Okê Oxóssi!
	Okê Caboclo!
Bebidas —	vinhos e aluá
Flores —	vermelhas
Charutos —	especiais
Alimentos —	(preferidos) axoxô, milho, coco, abóbora moranga, amendoim.

É costume, na oferenda a ser dada, colocar uma toalhinha verde contornada com rendas e fitas, ou mesmo em fazenda estampada nas cores do Orixá, com rendas, ou desfiada sua bainha. Nas oferendas colocam-se sempre algumas moedas de qualquer época.

FOLHAS DE OXÓSSI

Alfavaquinha
Caiçara
Pitangueira
Erva capitão
Malva do campo
Guiné pipiu
Peregun
Jureminha

FRUTOS DE OXÓSSI
Melão
Laranja
Banana
Caqui
Melancia
Pêssego
Goiaba vermelha

FLORES DE OXÓSSI
Flores do campo
Rosas e cravos vermelho

LENDAS SOBRE OXÓSSI

Das muitas lendas conhecidas sobre Oxóssi, começamos por uma relatada por Edson Carneiro, que diz:

"(. . .) Aconteceu que um dia Odé se deleitava com Oxum, quando lhe deu na gana ir caçar. Era o dia de tomada de axé de Ifá e a mulher disse-lhe que não fosse procurar caça no dia do sacrifício deste grande Orixá. Mas Odé não se importou e foi. Andou, andou e nada de encontrar caça. À tarde, porém, Odé encontrou uma cobra, enorme, enrolada, ao sol. A cobra cantou para ele uma canção. A cobra dizia-lhe que não era pássaro de pena para Odé matar. Era Oxumaré. Mas ele não se importou, matou a cobra, cortou-a em pedacinhos e botou-a no embornal. Morta, a cobra continuava cantando sempre. Quando ele chegou em casa, a mulher, Oxum, nem quis tocar na cobra. Meteu os filhos debaixo do braço e fugiu com eles, para a casa do compadre, dizendo que só voltaria quando Odé tivesse acabado de comer a caça estranha que continuava a cantar. Odé não se importou nem nada. Tratou, moqueou e comeu a cobra. E a bicha cantando. Depois de comê-la, Odé sentou-se. A cobra cantava dentro da barriga. Ele se arrependeu do que tinha feito e dormiu. Ao amanhecer, Oxum voltou. Bateu à porta, bateu, bateu. Então Oxum arrombou a porta. Não encontrou nenhum vestígio da cobra; nem no moquém, nem na frigideira. Só encontrou o rastro dela no chão. Odé estava espichado, num canto, morto. Oxum, como louca, foi chamar Ifá, pedindo-lhe proteção. Ifá atendeu o pedido.

Veio, considerou longamente Odé e, afinal, levou-o para casa. Lá, Odé desapareceu. Desapareceu — e só veio reaparecer sete anos depois, mas como Orixá, e até com outro nome, ele que se chamava Odé, passou a chamar-se Oxóssi, o deus da caça. Aí então as razões explicativas da dualidade de nomes do mesmo Orixá Oxóssi."

Esta outra quem descreve é Pierre Verger:

"Iemanjá possuía três filhos — Oxóssi, Ogum e Exu.

Exu era indisciplinado e insolente com sua mãe e, por isso, ela o mandou embora. Os outros dois filhos se conduziam melhor. Ogum trabalhava no campo e Oxóssi caçava na floresta das vizinhanças, de modo que a casa estava sempre abastecida de produtos agrícolas e de caça. Iemanjá, no entanto, andava inquieta e resolveu consultar um babalaô.

Este lhe aconselhou proibir que Oxóssi saísse à caça, pois arriscava-se a encontrar Ossain, aquele que detém o poder das plantas e que vivia nas profundezas da floresta. Oxóssi ficaria exposto a um feitiço de Ossain para obrigá-lo a permanecer em sua companhia. Iemanjá exigiu, então, que Oxóssi renunciasse às suas atividades de caçador. Este, porém, de personalidade independente, continuou suas incursões à floresta.

Ele partia com outros caçadores e, como sempre faziam, uma vez chegados junto a uma grande árvore (*irókò*), separavam-se prosseguindo isoladamente, e voltavam a encontrar-se no fim do dia e no mesmo lugar.

Certa tarde Oxóssi não voltou para o reencontro, nem respondeu aos apelos dos outros caçadores. Ele havia encontrado Ossain e este dera-lhe para beber uma poção onde foram maceradas certas fohas, como a *Amúnimúyè,* cujo nome significa "apossar-se de uma pessoa e de sua inteligência", o que provocou em Oxóssi uma amnésia. Ele não sabia mais quem era, nem onde morava. Ficou, então, vivendo na mata com Ossain. Ogum, inquieto com a ausência do irmão, partiu à sua procura, encontrando-o nas profundezas da floresta. Ele o trouxe de volta, mas Iemanjá não quis receber o filho desobediente. Ogum, revoltado pela intransigência materna, recusou-se a continuar em casa (é por isso que o lugar consagrado a Ogum está sempre instalado ao ar livre).

Oxóssi voltou para a companhia de Ossain e Iemanjá ficou desesperada por ter perdido seus filhos."

REZA A SER DITA NO BANHO PARA QUALQUER FINALIDADE

(Dalva da Oxum)

    Maravilhosa seja esta água em que foram depositadas as forças da própria natureza, revitalizando, aliviando, me defendendo de todas as negatividades.
    Em nome de forças superiores, eu seja assistido(a) neste banho.
    Que eu seja envolvido(a) pela paz e a felicidade.
    Que assim seja!

PRECE A OXÓSSI

(Eduardo G. Ribeiro)

    Saravá Oxóssi.
    Viva Oxóssi, que com suas chagas e sua eterna bondade e purificação soube espalhar por toda a humanidade alívio para suas dores, paz e amor incompreendidos. Soube levar ao mais alto grau de bondade e sofrimento a palavra de Olorum.
    Hoje e sempre Oxóssi foi e será um espírito da natureza, governando sobre uma Lei de deuses.
    Seu reino é poderoso, pois o reino de Oxóssi é ao lado de Oxalá.
    Saravá Oxóssi, Okê Arô, Okê Odé!
    Axé, Meu Pai!

OUTRA PRECE A OXÓSSI

(Omolubá)

Pai Oxóssi
Divino Senhor da natureza,
servidor ativo, pleno, incansável e terno,
que a tudo provê.
Sois o caçador de almas.
Doador perene.
Senhor absoluto das florestas.
Só vois tendes o poder da sobrevivência,
vivência e fraterna proteção.
Oxóssi, amigo e pai

Sua respiração é o oxigênio para o nosso viver.
Perdoa-nos quando devastamos vossos
celeiros de vida,
cujo alento lembra-nos da necessidade de amarmos
nossos semelhantes e os seres irracionais
que são parte da vossa grandeza.
Pai amantíssimo, esperança de toda a humanidade.
A cada respiração suspiramos agradecidos,
pela certeza de que estais junto a nós.

     Okê Arou Oxóssi
 Glória a Olorum!

     Okê Arou Oxóssi
     Glória a Olorum!

ODI — PRINCIPAL ODU DE OXÓSSI

SUA FECUNDAÇÃO (Lenda)

  O Odu Odi foi fecundado de água e farofa, níquel (metal branco) e outro metal, o eletro-prata.
  O Odu Odi enamorou-se de Etaogundá, e desta união nasceram Iemanjá e Oxaguiã.
  De Odi e Odé nasceu Oxumarê e do Odu Etaogundá, Anibein e, destes dois, nasceram Ogum-Torominam e Abaluju (Ogum-Já).

SIGNIFICADO

  As pessoas que trazem consigo este Odu são sonhadoras, inteligentes, talentosas e astutas. Possuem mania de grandeza e geralmente entortam os pés para os lados.
  Os filhos de Odi são respeitados por Exu.
  As pessoas de Oxóssi são carismáticas e de personalidade marcante. Contudo, trazem na parte negativa, desgostos, imoralidade, perda da virgindade e, para os doentes, trazem a morte, o que é pior.
  As pessoas deste Odu (não tratadas) têm o futuro incerto e, normalmente, têm essas incertezas prolongadas por sete anos consecutivos.

São humildes e sem arrogância. Não temem a morte, são bons feiticeiros, com grandes conhecimentos desta matéria.

É bom lembrar que Odi traz a comunicação, mas não podem se dizer amigos de ninguém, porque perdem logo a amizade. Não podem dar roupas usadas e nem vestir roupas remendas ou já usadas por outros. Não deverão usar travesseiro que não o seu de uso constante. Não têm sorte com casamento e, com todos esses obstáculos pela frente, ainda conseguem vencer.

QUALIDADES DE OXÓSSI
(Mais Cultuadas no Rio de Janeiro)

IMBUALAMA	— ligado a Obaluaê
AQUERÃ	— ligado a Ogum
DANADANA	— ligado a Oxumarê
MUTALAMBÔ	— ligado a Exu
GONGOBIRA	— ligado a Oxum e Oxalá

UNIÃO DE OXÓSSI COM OUTROS ORIXÁS

OXÓSSI e OSSAIN	— boa amizade e grandes projetos nos negócios
OXÓSSI e OXUMARÊ	— um pouco duvidoso, pois pensam diferente
OXÓSSI e OBALUAÊ	— um amor sincero, nos negócios grandes perspectivas
OXÓSSI e XANGÔ	— pessoas com pensamentos opostos, imperando a desconfiança
OXÓSSI e IANSÃ	— como brigam! Nos negócios poderá dar certo
OXÓSSI e LOGUM	— uma amizade duradoura, mas nos negócios terão grandes lucros
OXÓSSI e OXUM	— um belo casal e nos negócios obterão grandes lucros
OXÓSSI e OBÁ	— boa amizade e negócios com poucos lucros
OXÓSSI e EWÁ	— amizade certinha e os negócios também brilharão

OXÓSSI e IEMANJÁ — não dará muito certo, nem no amor nem nos negócios
OXÓSSI e OXALÁ — é uma amizade de pouca estabilidade, mas os negócios darão certo.

TIPOS DE DOENÇAS QUE MAIS ATACAM OS FILHOS DE OXÓSSI

OXÓSSI IMBUALAMA — dor ciática, coluna e estômago
OXÓSSI AQUERÃ — fígado, vesícula e garganta
OXÓSSI DANADANA — visão e prisão de ventre
OXÓSSI GONGOBILA — deficiência nos intestinos, dores musculares

CORRENTE DOS CABOCLOS DE UMBANDA

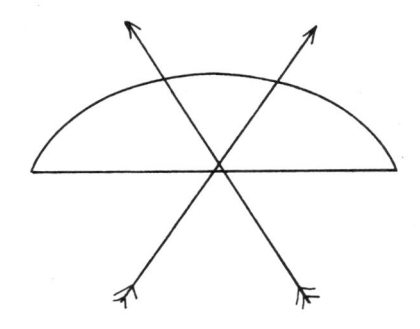

PRINCIPAIS CABOCLOS DA UMBANDA

CABOCLO ARRANCA-TOCO
CABOCLO COBRA CORAL
CABOCLO PENA BRANCA
CABOCLO ARRUDA
CABOCLO GUINÉ
CABOCLO ARARIBÓIA
CABOCLA JUREMA

CABOCLO ARRANCA-TOCO

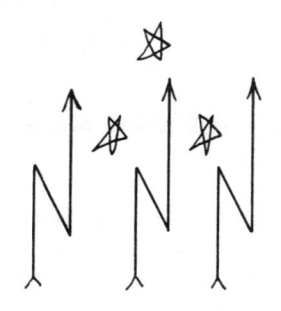

CABOCLO ARRANCA-TOCO

    Seu Arranca-Toco coroou
    Seu Tupi lá na Jurema
    Neste dia lá nas matas
    Foi um grande dia de festa
    Todos os caboclos se enfeitaram
    Com folhas da Jurema.
    Oi saravá seu Arranca-Toco
    Saravá seu bambi odé
    Oi que bambi ô clime (bis)
    Oi que bambi odé (bis)

PEDIDO PARA ARRANJAR UMA CASA

- 1 casinha de cera
- 1 chave de cera
- 7 espigas de milho
- 7 palmas brancas
- 1 molho de folhas de abre-caminho
- 1 travessa de barro
- 7 velas

    (local de entrega: mata ou cachoeira)

Lavar o alguidar, enfeitando com as folhas de abre-caminho. Cozinhe as espigas e arrume-as por cima das folhas. Enfeite com as palmas brancas. No centro, coloque a casinha com a chave, fazendo um buraco para colocar o pedido. Acenda as velas. E tudo dará certo.

CABOCLO COBRA CORAL

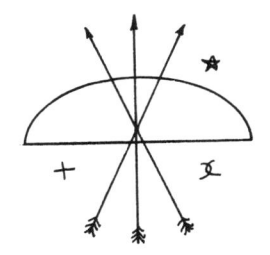

CABOCLO COBRA CORAL

Todos os caboclos
Quando vêm da mata
Trazem a cinta do seu Cobra Coral
É de seu Cobra Coral
É de seu Cobra Coral   (bis)

        Sucuri, jibóia
        Como vem beirando o mar (bis)
        Olha como brogoiô
        Saravá seu Cobra Coral   (bis)

PEDIDO DE PROSPERIDADE

- 1 travessa
- 1 molho de folhas de abre-caminho
- 1 batata-doce
- arroz com casca
- 7 moedas
- 7 rosas vermelhas ou brancas
- fitas verde, azul e amarela
  (local: beira de praia)

Forre a travessa com as folhas de abre-caminho. A batata-doce é cozida em água com 1 colherinha de açúcar. Com a batata cozida forme 7 bolinhos e em cada um espete uma moeda, fazendo o seu pedido. Disponha as rosas em cada bolinho e estique as fitas por cima da obrigação. Sucesso!

CABOCLO PENA BRANCA

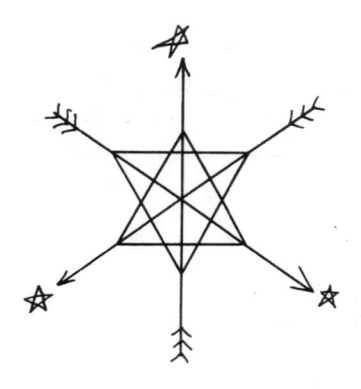

CABOCLO PENA BRANCA

    Estava no mato, estava trabalhando
    Aonde você mora?
    Sou Pena Branca
    Eu moro na mata de Nossa Senhora

        No céu nasceu uma estrela
        Que clareia seu Pena Branca na mata (bis)
        No centro da mata virgem,
        onde ele mora
        Caiu uma chuva de prata

            Seu Pena Branca foi caçar
            Foi lá nas matas da Jurema
            Caçou, caçou, caçou
            Até que uma coral piou.

OBRIGAÇÃO PARA ESTE CABOCLO

- 1 alguidar
- 7 folhas de alface
- 1 cacho de uvas
- 7 espigas de trigo

- 7 moedas
- 7 folhas de louro
- 3 velas brancas
   (local: cachoeira)

Lava-se o alguidar e forra-se com as folhas de alface. Coloca-se o cacho de uvas e guarnece-se com as espigas de trigo. Contorna-se com as moedas, fazendo o pedido para sua prosperidade e em seguida colocam-se as folhas de louro e acendem-se as velas dispostas em triângulo.

CABOCLO ARRUDA

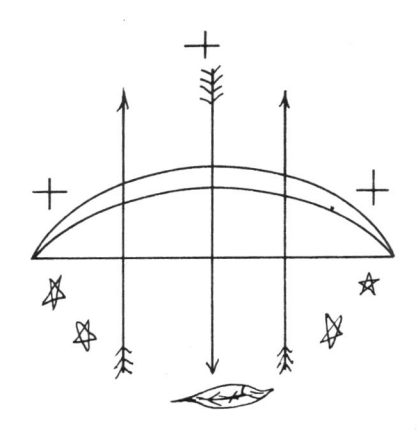

CABOCLO ARRUDA

    Caboclo Arruda é um Odé formoso
    Quando vem da Umbanda,
    Saravá o endá
    Ele é orirê
    Ele é orirá (bis)

PEDIDO DE EMPREGO

- 1 alguidar médio
- milho de galinha cozido
- 7 bananas ouro
- 7 moedas

— 7 espigas de trigo
— 1 galho de louro
— 7 velas verdes

No alguidar lavado, com o milho já cozido, coloque as bananas com as moedas espetadas. A pessoa deverá ir fazendo o seu pedido de emprego. No centro enfeite com as espigas de trigo com um galho de louro. Acenda as velas.

CABOCLO GUINÉ

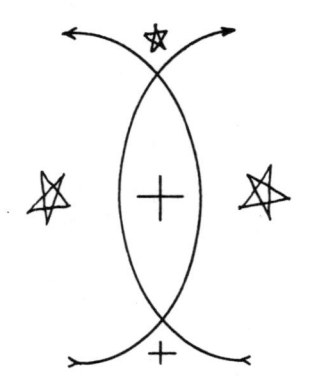

CABOCLO GUINÉ

Caboclo do mato, o que você quer
Folhas verdes, folhas de Guiné
Folhas verdes, folhas de Guiné   (bis)

É banda, é banda
É banda, é banda, é banda é (bis)
Sua banda é de ouro, é
Sua banda é de ouro, é
Saravá o Caboclo Guiné

Em alto mar vi um clarão
Corri para ver quem é   (bis)
Vi um lindo Caboclo de penacho, banda odé.
Seu nome era Caboclo Guiné   (bis)

PEDIDO DE SAÚDE

- 1 toalha branca
- 3 coités
- água de coco
- água mineral
- água de chuva
- 21 folhas de saião
- 3 rosas brancas
- 7 velas

Estique a foalha no chão, organize os coités e encha cada um com um pouco das três águas. Escreva o nome do doente, coloque em cada um dos coités e enfeite com as folhas de saião. No meio coloque as rosas. Acenda as velas e torne a fazer o pedido.

Saudação: Okê bambi Caboclo!

CABOCLO ARARIBÓIA

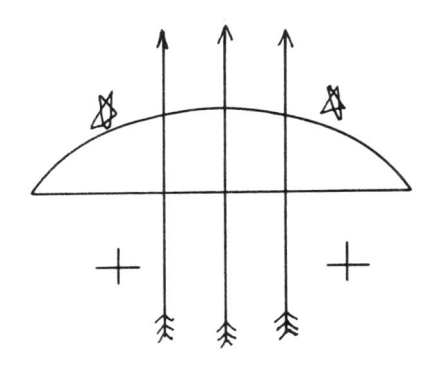

CABOCLO ARARIBÓIA

Um assovio passou na mata
Anunciando que raiava o dia (bis)
Uma flecha linda riscou o firmamento,
lá bem alto
Do bodoque de **Araribóia** ela zunia

Seu penacho é todo feito de estrelas
Seu bodoque e sua flecha de indaiá
Saravá Caboclo Araribóia nesta banda
Ele é nosso mestre, nosso guia, saravá. (bis)

OBRIGAÇÃO PARA ESTE CABOCLO

- 1 toalha verde
- 1 travessa de barro
- 1 abóbora moranga
- mel de abelhas
- fumo de rolo
- 7 folhas de alface
- 7 moedas
- 1 charuto
- 7 velas verdes
  (local: entrada de matas)

Lavar a travessa e colocar em cima da toalha aberta. Tirar as sementes da abóbora e colocar o seu pedido no interior da mesma. Contornar com as folhas de alface e colocar o fumo e as moedas. Acender o charuto e repetir o pedido mentalmente. Acender as 7 velas.

CABOCLA JUREMA

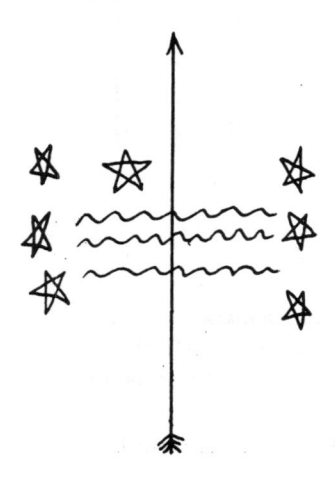

CABOCLA JUREMA

Com sete meses de nascida
A minha mãe me abandonou
Salve o nome de Oxóssi
Foi Tupi quem me criou. (bis)
Ao companheiro de Jurema,
Ai de mim, tem dó
Ai de mim, meus companheiros.
Ai de mim, tão só.
....

Jurema
Oh juremê, juremá (bis)
É uma linda cabocla
Filha de Tupinambá
É uma cabocla de pena
Quem lhe deu foi Oxalá (bis)

Arreia capangueiros
Os capangueiros de Jurema
Arreia os capangueiros
Os capangueiros de Juremá (bis)

LAÇOS DE AMOR

- 1 toalha branca
- 7 maçãs
- 3 metros de fita branca
- 7 rosas brancas
- 1 vidro de mel de abelhas
- 1 pombo branco
(local: cachoeira)

Estique a toalha, abra as maçãs e coloque o nome do seu amado em cada uma e as feche com um lacinho de fita nos cabinhos. Espalhe as flores sobre a toalha e regue com bastante mel. Acenda as velas, ao terminar solte o pombo, não sem antes fazer seus pedidos, falando em seu bico ligeiramente aberto. Vitória para vocé.

OFERENDAS PARA OXÓSSI

PAMONHA
- milho verde ralado
- coco ralado
- sal e açúcar a gosto
- palha de milho

Faz-se pequenas porções, embrulha-se em folhas de milho e cozinha-se em banho-maria.

MILHO PARA OXÓSSI
- 8 espigas de milho
- fitas azuis ou verdes
- 8 moedas iguais
- 1 alguidar vitrificado
- açúcar cristal

Cozinham-se quatro espigas sem as palhas. As outras quatro têm as suas palhas esticadas e desfiadas com o auxílio de um garfo. Lava-se o alguidar e arma-se da seguinte maneira: no fundo açúcar cristal, uma espiga de milho cozida e outra crua com a palha desfiada, até terminarem as espigas. Ao redor são colocadas as moedas e, por fim, as fitas.

AXOXÔ
- milho de galinha
- 1 coco
- 1 alguidar vitrificado

Lava-se o alguidar e reserva-se. Cozinha-se o milho em água até ficar macio. Despeja-se o milho dentro do alguidar e enfeita-se com o coco cortado em semi-círculos. Quando for oferecido ao Orixá, polvilha-se com açúcar cristal.

BANHO QUE DÁ SORTE
Com a água que cozinhou o milho de galinha, acrescentar um molho de folhas de abre-caminho e uma colher de açúcar. Friccionar as folhas na água. Coar para retirar os resíduos e despachá-los em mato limpo.

Tomar o banho do ombro para baixo e logo em seguida acender uma vela para o Anjo da Guarda.

OBRIGAÇÃO — OXÓSSI
- frutas variadas
- 1 cesto de palha
- vinho tinto ou moscatel
- velas verdes, ou de cera
- fósforos
- charuto
- 1 molho de folhas de abre-caminho

Forrar a cesta com as folhas de abre-caminho, colocar as frutas por cima e levar esta oferenda numa mata (tendo o cuidado de acender uma vela para Ossain e outra para Ogum, seus irmãos), acender as velas, pôr um charuto em cima da caixa de fósforos, fazendo o pedido.

CESTA DA FELICIDADE
- 1 melancia inteira
- salada de frutas
- açúcar cristal
- folhas de samambaia
- fitas verdes
- velas

Cortar a melancia em forma de uma cesta. Cortar em pedacinhos as partes retiradas da melancia e acrescentar outras frutas, a gosto, formando uma salada, pulverizando, por cima, açúcar cristal.

Enfeitar a cesta com as folhas de samambaia e adornar com as fitas. Acender as velas.

FRANGO DELICIOSO
- 1 frango
- milho verde
- folhas de louro
- cebola
- sal

Temperar o frango com o louro, a cebola e o sal. Refogar e cozinhar o frango. Reservar. Debulhar o milho verde e cozinhar até ficar bem macio.

Acrescentar ao frango, já cozido, dando um toque gracioso, enfeitando o prato com folhas de louro verde, servir em festas de obrigação para Oxóssi.

ABÓBORA DE OXÓSSI
- 1 travessa de barro
- 7 alguidares pequenos
- 2 abóboras
- açúcar cristal
- 1 coco
- 7 moedas

Cortar uma das abóboras em sete fatias. A outra será cozida inteira, cortando-se antes a tampa e retirando-se os caroços com auxílio de uma colher.

O coco é dividido em dois, sendo uma parte ralada e a outra cortada em tiras (em forma de semi-círculo).

Maneira de armar a oferenda: ao centro colocar a abóbora cozida na travessa e em seu redor as fatias da outra abóbora nos alguidares.

Na abóbora inteira e cozida é colocada uma mistura de açúcar cristal e coco ralado e, ao terminar, acrescentar as tiras de coco em semicírculo enfeitando a oferenda. Depositar as moedas, fazendo seu pedido e boa sorte.

Arrie esta oferenda em lugar ao alto, próximo à cachoeira.

PARA ABRIR SEU CAMINHO
- 14 espigas de milho
- 14 moedas iguais
- fatias de coco
- 1 molho de folhas de abre-caminho

Coloque as folhas em um alguidar bem grande e vá arrumando as espigas de milho verde. Acrescente as fatias de coco. Faça seu pedido de abertura de caminhos colocando as moedas, uma de cada vez.

Esta oferenda deverá ser colocada em sua casa, em lugar alto.

DEFUMADOR DA SORTE
- palha de cana
- incenso
- folhas de louro
- açúcar
- arroz com casca
- alfazema

Fazer o defumador rodeando a casa do portão para dentro.

AXÉ DA SORTE (PÓ)
- talco floral
- erva-doce em pó
- 1 colher de sopa de açúcar
- louro em pó
- folhas secas de dinheiro em penca
- folhas secas de abre-caminho
  (estas duas qualidades de folhas serão trituradas no moinho, para se obter um pó das mesmas).

Juntar todos os ingredientes em pó no talco floral.

Dentro do pote onde será guardado este pó de axé colocar uma fava de Oxóssi.

PEIXE PARA LOGUM
- 1 travessa de barro (vitrificada)
- 1 anchova
- temperos (tomate, cebola, sal)
- azeite doce
- amendoim
- flores brancas e 7 velas
- 1 garrafa de vinho moscatel

Refogue o peixe com os temperos e o azeite doce. Depois de pronto o peixe servido na travessa, guarnecer com amendoim previamente ferventado. Ofereça juntando o vinho moscatel, as flores brancas e as velas.

FEIJÃO FRADINHO DE LOGUM
- feijão fradinho
- camarões salgados e secos
- cebola
- azeite doce
- milho de galinha

Cozinhe o feijão fradinho com os temperos, acrescentando os camarões limpos. Cozinhe o milho de galinha até ficar bem macio. Maneira de armar a obrigação: a metade do prato com o feijão fradinho e na outra metade colocar o milho cozido.

BALAIO DE OXÓSSI
- 1 cesto de palha
- 7 espigas de milho verde com as folhas desfiadas

- 7 velas azuis ou verdes
- 7 qualidades de frutas
- 7 acaçás brancos
- 7 moedas de igual valor
- 7 fitas verdes ou azuis
- 1 molho de folhas de abre-caminho
- margaridas para enfeitar

Forrar o balaio com as folhas de abre-caminho (verdes), acomodar as espigas desfiadas e as frutas. Colocar os acaçás fazendo o pedido e, simultaneamente, ir espetando uma moeda em cada acaçá. Prender as fitas no cesto. Enfeitar a oferenda com margaridas. Não esquecer de acender as velas (verdes ou azuis). Com uma garrafa de vinho moscatel se completa a oferenda.

PARA PROTEÇÃO DENTRO DE CASA
- 1 espiga de milho
- fitas verde, azul e branco
- defumador do próprio signo

Desfie a palha do milho com o auxílio de um garfo. Em seguida adorne com as fitas coloridas nos tons acima, formando uma alça para dependurar. Consagre esta espiga a Oxóssi, acendendo velas e espalhando um pouco de pó de axé (já ensinado anteriormente). Coloque ao lado um copo de vinho e um defumador do seu próprio signo. Coloque atrás de sua porta, depois de ser consagrado. E boa sorte.

PARA UM ANO NOVO MELHOR, COM MUITO SUCESSO

Em sua mesa de Natal ou Ano Novo coloque num pratinho um copo com vinho e, a seu redor, seis qualidades de sementes, isto é: milho, feijão fradinho, arroz com casca, girassol, erva-doce e sementes de laranja. Depois, despache estas sementes num campo.

CANTIGAS DE CANDOMBLÉ

Cabila queuala tala
munzuê
Mamãe gimbe gimbe
um tata é
Cambone na

Luanda ê
Mamãe gimbe á
Ai na Aruanda ê
Orerê cabila
Queuala tala
Munzuê
Mamãe Mariá
Cabila ê
Mamãe Mariá
Cabila
Mukandeo

Cabila tem pai
Cabila, Cabila
Tem mãe, cabila.

Bambi, ê, ê, ê
Bambeu ainguá
Tauá
Bambeu ainguá
Tauá mi
Bambeu ainguá
Tauá.

Caça, caça no caindé
Bula ê, bula ô
Caça, caça no caindé
Oxossi é mutalambô.
Oxossi é Mutalambô
Auê, tauamí
Mina auiza cangira
Mucanga enganga motumbá
Tauaí aê
Tauamí auá (bis)

Adeus Kutala zinguê
Olha zinguê ô
Olha zinguê ô
Minha iza Kutala

Caiza curá
Ai, ai, ai, ai,
Adeus Kutala zinguê (bis)
Olha zinguê ô
E quem me fará luá (bis)
Minha iza Kutala
Caiza curá

PONTOS CANTADOS DE UMBANDA

Eu vi chover e vi relampear
Mas mesmo assim o céu estava azul (bis)
Samborepemba folha da Jurema,
Que Oxóssi é bamba no ala quejú (bis)

    Oxóssi é meu pai
    Oxóssi é meu guia
    Quando ele chega na Umbanda,
    traz a paz da Aruanda,
    muita luz ele irradia. (bis)

A folha de Oxóssi cauiza dendê
Onde está o Rei da Mata que não quer descer
Correu terra, correu mar,
Até que chegou ná lo seu país (bis)
Ora, viva Oxóssi lá na mata
Que a folha da mangueira ainda não caiu (bis)

    O vento na mata zuniu
    Folha seca balanceou
    Saravá Oxóssi nessa banda, saravá
    Ele vem com Deus Nosso Senhor.

Oxóssi é bambi
Ele é caçador
Oxóssi é bambi ô clime,
É Rei Mutalambô.

Atira, atira
Ele atirou
No bambá ele vai atirar (bis)
Veado no mato é corredor
Oxóssi na mata é caçador.

APÊNDICES

APPENDICES

GLOSSÁRIO

AKORÔ	— Capate de Ogum.
ATACÃ	— Faixa de pano, com 3 m de comprimento, que amarra o busto do iniciado quando em transe.
AXÉ	— Força e energia. Também se diz quando um terreiro de Candomblé possui muita força.
BABALAWO	— O que prediz o futuro através dos jogos de búzios. O Zelador de Orixás na Umbanda.
BAIXAM	— Quando as Entidades se incorporam nos médiuns.
DAGÃ E SIDAGÃ	— As filhas mais velhas do terreiro que possuem estes cargos despacham Exu nos Candomblés.
ELEM. FOGO	— São as salamandras (elementais).
ELEM. TERRA	— São os gnomos (elementais).
ERAN	— É a carne de qualquer animal.
EXU	— Intermediário entre a terra e o espaço. O que transmite o recado para os Orixás.
FILHO DE FÉ	— Adepto do culto umbandista.
GIRA DE UMBANDA	— Sessão mediúnica.
GUIA	— Protetor espiritual. Colar de contas usados pelos médiuns.
IAÔ	— Iniciada dentro do ritual de Candomblé.
IBIRI	— Cetro de Nanã.
IEMANJÁ	— Senhora dos mares e dos oceanos.
IFÁ	— Orixá da adivinhação.

IANSAN (OYÁ)	— Senhora da ventania
LINHA DA MAGIA	— É o 4º grau, na Linha da Umbanda
MARIWO	— Folhas de palmeira de Ogum (dendezeiro).
NANÃ	— Esposa de Oxalá. A Matriarca. A Rainha das águas doces e dos pântanos.
OBALUAÊ	— Filho de Oxalá e Nanã. O Orixá que cura todas as enfermidades da alma e do corpo.
OBÉ	— Faca utilizada para sacrificar os animais dentro do ritual.
OBI	— Fruto originário da África, com o qual se prediz a sorte, utilizado em todo ritual de Candomblé. Utiliza-se normalmente o de quatro gomos.
ODUDUA	— Orixá que representa a Terra.
OGUM	— Orixá guerreiro. É sempre o primeiro a chegar na "roda", o que abre todos os caminhos.
OLODUMARE	— O controlador do destino de todos os seres.
OLUWÔ	— O que lê os búzios, ou o **opelê** de Ifá.
ORIXÁ	— Santo do Candomblé.
ORIXALÁ	— Orixá que representa a paz e o amor.
ORUMILÁ	— Orixá, o Deus onipotente.
OSSAIN	— Orixá das ervas litúrgicas e medicinais.
OSSUN	— Pemba de origem africana utilizada para pintar a Iaô, ou para pós de Axé.
OXAGUIAN	— Oxalá. Orixá em forma mais jovem e guerreira.
OXALUFÃ	— Oxalá. Orixá em forma mais velha.
OXÓSSI	— Orixá da caça e da agricultura. Representa Diana na mitologia grega.
OXUM	— Orixá dos rios e das cachoeiras.
PADÊ	— Obrigação de Exu.
OPAXORÔ	— Cajado de Oxalá.
POMBA-GIRA	— Aspecto feminino de Exu.
QUIUMBAS	— Espíritos de pouca luz.
7 GIRAS	— Sete sessões consecutivas no terreiro.
XANGÔ	— Orixá das tempestades e dos trovões. Representa Vulcano na mitologia.
XAXARÁ	— Cetro de Obaluaê, cujas varetas são retiradas do mariwo, que pertence a Ogum.

9º FESTIVAL NACIONAL DE CANTIGAS DE UMBANDA — AGOSTO DE 1988

Criação: Mário Barcellos
Coordenação: Dalva da Oxum

Aos Terreiros abaixo relacionados os nossos melhores agradecimentos, não só pelo comparecimento e participação no evento mas, principalmente, porque com suas inéditas e maravilhosas cantigas demonstraram que a nossa religião continua viva, vibrante e renovada nos seus cânticos de louvação aos nossos Orixás, apesar da perseguição que lhes vêm movendo certos "comerciantes da fé", que engordam suas contas bancárias nos atacando e vendendo vagas no céu para os seguidores, a preços bastante variáveis.

Tenda Espírita Cantinho de Oxalá
Tenda Espírita Caboclo Pena Verde
Tenda Espírito Umbandista Amigos de 7 Flechas e Vovó Maria Conga
Centro Espírita Vovó Cambinda da Bahia
Cabana Pai Antônio das Almas
Centro Espírita Ogum 7 Ondas e Cabocla Jurema

Tenda Espírita Caboclo Pena Azul
Tenda Espírita Iemanjá
Tenda Espírita Caboclo Rompe-Mato e Pai Benedito

Numa homenagem aos compositores, citamos algumas das cantigas finalistas do 9º Festival Nacional de Cantigas de Umbanda.

PRECE À OXUM
de: J. Neves e J. Antonio
do C.E. Ogum 7 Ondas e Cabocla Jurema
(Cantiga Campeã do Festival)
POMBA BRANCA
de: Mercês da Luz
MEU AMIGO DE FÉ
de: Almir
do C.U. Amigos de 7 Flechas e Vovó Maria Conga
A CURIMBA DE VOVÓ FUGÊNCIA
de: Jorge Silva
da T.E. Caboclo Rompe-Mato e Pai Bendito
CIGANA ROSÁLIA
de: Valdir Tavares
da T.E. Cantinho de Oxalá
EXALTAÇÃO À IEMANJÁ
de: Oswaldo Nascimento
do C.E. Vovó Cambinda da Bahia
TIRIRI LONAN
de: Ari de Xangô
do C.E. Caboclo Pena Verde
A ESTRELA BRILHOU
de: Barbosa da Oxum, Helena Ribeiro e J. Nogueira
da Cabana Pai Antônio das Almas
LOUVAÇÃO À IANSÃ
de: Jorge da Costa Rubim
da T.E. Caboclo Pena Azul
JOÃO CAVEIRA
de: Valdir de Paula Costa
da T.E. Cantinho de Oxalá
CABOCLO PENA VERDE
de: Lú de Iemanjá

da T.E. Caboclo Pena Verde
FESTA DAS CRIANÇAS
de: Edmundo Silva
da T.U. Amigos de 7 Flechas e Vovó Maria Conga

BIBLIOGRAFIA

ADESOJI, Michael Ademola. *NIGÉRIA — História, costumes.*
AMADO, Jorge. *Tenda dos milagres,* Ed. Record, 1976.
BARCELLOS, Mario Cesar. *Os orixás e a personalidade humana.* Rio de Janeiro, Ed. Pallas, 1990.
CYSNEIROS, Israel & OMOLUBÁ. *Fundamentos de Umbanda.*
GIMBERUÁ, Ogã. *Guia do pai de santo no candomblé.*
OMINARÉ, Babalorixá. *Candomblé de Keto (Alaketo).* Rio de Janeiro, Ed. Pallas, 1985.
OXOSSI, Bagigá Ailton de. "Omo odu Ifá" (mimeo).
RIBEIRO, José. *Magia do candomblé.* Rio de Janeiro, Ed. Pallas, 1988.
SALES, Nívio Ramos. *Oferendas para o meu orixá.* Rio de Janeiro, Ed. Pallas, 1989.
SILVA, Ornato José da. *A tradição nagô.* Rio de Janeiro, s/Ed., 1985.
VASCONCELOS, Maia. *ABC do candomblé.*
VERGER, Pierre (Fatumbi). *Os Orixás.* Salvador, Ed. Currupio, 1981.

Este livro foi impresso em abril de 2010, no Armazém das Letras Gráfica e Editora, no Rio de Janeiro, para a Pallas Editora.
O papel de miolo é o offset 75g/m² e o de capa é o cartão 250g/m².